Super SALATE!

Elle Teuscher von ELLE Republic

Super SALATE!

EINFACH. GESUND. KOCHEN.

65 abwechslungsreiche & schnelle Rezepte

CHRISTIAN

INHALT

VORWORT

Braucht man für einen Salat ein Rezept? Natürlich nicht. Ein paar Zutaten zusammenwerfen und ein Dressing darübergeben ist nicht wirklich schwer. Doch wenn es mal etwas Besonderes sein soll oder der Salat gleichzeitig das Abendessen ist, dann reichen ein paar Salatblätter nicht aus.

Aus diesem Gedanken ist dieses Buch entstanden. Denn ein Salat kann so viel mehr sein als eine Vitaminquelle. Für mich ist ein Salat Ausdruck von Kreativität, die durch die Kombination passender Zutaten zu einem Geschmackserlebnis wird. Da ich mit wenigen Ausnahmen gerne saisonales und regionales Gemüse verwende, ist ein Salat die beste Möglichkeit, sich gesund und trotzdem herzhaft und sättigend zu ernähren. Außerdem werden damit die Umwelt und der Geldbeutel geschont. Und nicht zuletzt lässt sich ein Salat einfach in den Alltag integrieren. Denn ich werde immer wieder gefragt, wie es zeitlich möglich ist, jeden Tag mit frischen Zutaten zu kochen. Um zu zeigen, wie einfach das ist, habe ich vor vielen Jahren meinen Blog »Elle Republic« gestartet. In diesem Buch habe ich meine Lieblingsrezepte des Blogs für Salate zusammengestellt. Die meisten davon sind für Vegetarier oder Flexitarier geeignet und ganz einfach zuzubereiten. Denn nur dann haben sie Platz in unserem geschäftigen Alltag. Dabei habe ich, wie die meisten Köche, ein Repertoire aus Zutaten, die ich immer wieder verwende, ohne dass sie mir langweilig werden. Ich habe mich trotzdem bemüht, bei der Auswahl der Rezepte viel Abwechslung ins Spiel zu bringen, damit auch wirklich für jeden etwas Leckeres dabei ist.

Elle

Einleitung

Meine kulinarische Reise

Meine Liebe für gutes Essen und frische Qualitätszutaten verdanke ich meiner Kindheit mit einem Garten voller frischem Gemüse. Das gab es leider nur im Sommer, da ich im Territorium Yukon im Norden Kanadas, kurz vor der Grenze zu Alaska aufgewachsen bin. Wenn es dann im Sommer frisches Gemüse gab, waren die Sommermonate auch kulinarisch ein Erlebnis im Gegensatz zu den langen Wintermonaten mit Dosenfutter und Tiefkühlkost. Wahrscheinlich kommt daher mein Bedürfnis nach frischen Lebensmitteln. Als Teenager bin ich nach Vancouver gezogen. Und dort begann meine eigentliche kulinarische Reise. Denn in der kanadischen Stadt an der Westküste treffen viele Kulturen aus der ganzen Welt aufeinander. Und das macht sich auch und vor allem beim Essen bemerkbar. Die nordamerikanische Küche verschmilzt dort auf einzigartige Weise mit europäischen und asiatischen Gerichten. Später haben mich meine Reisen und meine Neugier in die Ursprungsländer der unterschiedlichen kulinarischen Einflüsse geführt. Und es ist kein Zufall, dass ich heute in Hamburg lebe. Denn schließlich ist auch das wieder eine Hafenstadt, in der viele Einflüsse zu großer Vielfalt führen. Davor hatte ich noch ein paar Jahre in München verbracht, um mich von der bayerischen Küche verwöhnen zu lassen.

Nachdem ich mich so durch die Welt gekocht und gegessen habe, bin ich heute ein Fan von einfachen, frischen und saisonalen Zutaten. Und meine Erfahrung sagt mir, je bunter ein Gericht ist, desto besser schmeckt es. Ohne Medizin oder Ernährungswissenschaften studiert zu haben, bin ich fest davon überzeugt, dass eine ausgewogene Ernährung mit viel Gemüse, Früchten, Hülsenfrüchten, Samen, Nüssen und Getreide nicht nur für physische Gesundheit, sondern auch für gute Laune und eine stabile Psyche verantwortlich ist. Das liegt daran, dass eine pflanzliche Ernährung den Körper mit Nährstoffen versorgt und gesunde Bakterien für ein gesundes Mikrobiom sorgen. Damit verfügen wir über mehr Energie und ein leistungsfähiges Gehirn. Damit ich diese Zutaten bekomme, ist der Gang zum Markt ein Höhepunkt der Woche. Denn dort finde ich eine große Auswahl an regionalem und saisonalem Gemüse direkt vom Bauern. Und Gott sei Dank folgen die Supermärkte dem Trend für gesunde Ernährung und bieten mittlerweile eine wachsende Auswahl an regionalen Produkten an. Aber am besten schmeckt es immer noch, wenn das Gemüse aus dem eigenen Garten kommt.

Meine Ernährungsphilosophie

Über viele Jahre war ich Vegetarierin. Doch mittlerweile kommen bei mir auch Fisch, Fleisch und Geflügel auf den Tisch. Dabei achte ich immer darauf, dass diese tierischen Produkte aus nachhaltiger Landwirtschaft stammen. Sie machen ungefähr 10 Prozent meiner Ernährung aus, was mich zu einer Flexitarierin macht.

Mit Begeisterung stelle ich fest, dass sich auch in Deutschland immer mehr Menschen diesem Trend anschließen und den Fleischkonsum reduzieren. Da ich als Kind keine Milch getrunken habe, habe ich mich nie daran gewöhnt, und ich finde sie für meinen Geschmack viel zu süß. Deswegen trinke ich meinen Kaffee mit pflanzlichen Milchprodukten und koche auch damit. Ansonsten bin ich mit anderen Milchprodukten wie Naturjoghurt und Käse sehr zurückhaltend.

Generell lehne ich industriell verarbeitetes Essen ab, da alle von mir genannten Vorteile der Ernährung mit frischen Zutaten darin fehlen. Deswegen möchte ich mit diesem Buch auch einen Impuls und Anreiz geben, sich ganzheitlich zu ernähren. Der Körper, die Haut und die mentale Gesundheit profitieren in höchstem Maße davon.

Mit etwas Übung und Erfahrung ist es ganz leicht möglich, ohne viel Zeitaufwand gesunde Gerichte zu kochen. Die Rezepte in diesem Buch sind der beste Beweis dafür. Dabei können die meisten Salatrezepte individuell erweitert und dem ganz persönlichen Geschmack angepasst werden.

Grundregeln, die für jeden Salat gelten

Was ich an Salaten so liebe, ist die Tatsache, dass sie immer knackig frisch sind und ich einfach alles hineinwerfen kann, worauf ich gerade Lust habe. Außerdem sind Salate eine gute Möglichkeit, viele wichtige Nährstoffe in einer Mahlzeit zu sich zu nehmen. Tatsächlich bekomme ich schlechte Laune, wenn ich mehrere Tage lang keinen Salat gegessen habe. Klar gibt es auch richtig ungesunde Salate (ich sage nur Mayonnaise mit vielen Kohlenhydraten). Aber die meine ich natürlich nicht.

GRUNDREGEL NUMMER 1

Eine Salatschleuder muss her.
Salat muss vor dem Essen gewaschen werden. Das gilt auch für abgepackte Salate, bei denen auf der Packung steht, dass sie bereits gewaschen sind. Es ist extrem wichtig, dass ein Salat vor der Zubereitung trocken ist. Warum? Dann hält das Dressing besser auf den Blättern. Eine Salatschleuder trocknet einen Salat immer besser, als Küchenpapier es je kann. Außerdem braucht man dafür nur wenige Sekunden! Damit reduziert sich die Vorbereitungszeit deutlich.

GRUNDREGEL NUMMER 2

Abwechslung bei den Zutaten.
Die Auswahl der Salatsorte ist sehr wichtig, denn jeden Tag Kopfsalat oder Eisbergsalat zu essen wird langweilig. Also empfehle ich, etwas Spinat, junge Salatblätter bis hin zu Rucolasalat dazuzumischen. Auch Chicorée oder Radicchio sind gute Alternativen. Bittere Salate sind übrigens gut für die Leber, um den Körper von Giften zu reinigen. Das nennt sich dann Detox. Spannend ist es auch, unterschiedliche Texturen zu wählen. Salatblätter können knackig, weich bis hin zu buttrig sein. Frische Kräuter sind zusätzlich eine Möglichkeit, vielfältige Aromen dazuzumischen.

GRUNDREGEL NUMMER 3

Mindestens ein Dressingrezept auswendig kennen.
Auch wenn es sich schwierig anhört. Es ist ganz einfach! Mit einem guten Dressingrezept im festen Repertoire ist es ganz einfach, die unterschiedlichsten Zutaten zu einem Salat zu kombinieren. Dies ist mein Rezept, das ich jederzeit als Basis für jeden grünen Salat verwende, um ihn dann mit allem, was gerade im Kühlschrank oder in der Vorratskammer ist, zu erweitern.

French Vinaigrette Grundrezept

Für das Dressing
6 EL natives Olivenöl extra
2 EL Rotweinessig (gute Qualität)
1 TL Dijon-Senf
1 Knoblauchzehe, klein gedrückt
Meersalz und frisch gemahlener schwarzer Pfeffer nach Geschmack

Zubereitung
Alle Dressing-Zutaten in eine kleine Schüssel geben und gut vermischen. Alternativ geht auch ein Schraubglas mit Deckel, das gut geschüttelt wird. Das geschüttelte Dressing 10 Minuten ziehen lassen. Die fertige Vinaigrette über den Salat gießen und gut vermischen. Fertig!

Ein gutes, selbst gemachtes Dressing wird jedes Fertig-Dressing aus dem Supermarkt vor Scham erröten lassen. Das Aroma ist unvergleichlich. Außerdem ist ein selbst gemachtes Dressing viel gesünder. Fertigsaucen in Flaschen sind vollgepumpt mit Zucker, Natrium, Stabilisatoren und Emulgatoren. Und das ist auch ein Grund, warum ich empfehle, zumindest ein Salatdressing auswendig zu lernen. Am besten eines, das so richtig gut schmeckt.

Welche Zutaten ein gesunder Salat braucht

Ich folge der Faustregel, dass ich zur Auswahl der Salatblätter noch Gemüse mit wenig Stärke dazunehme. Und dann wähle ich noch eine Mischung aus Zutaten mit Protein und komplexen Kohlenhydraten. Außerdem kommen noch ein bisschen gute Fette dazu, damit der Körper die Nährstoffe, die ein gesunder Salat hat, auch gut aufnehmen kann. Denn viele Studien haben gezeigt, dass gute Fette die Aufnahme von Antioxidantien deutlich verbessern.

Gemüse mit wenig Stärke Kohlrabi, Blumenkohl, Pilze, Lauchzwiebel, Gurke, grüne Bohnen, Spargel, Artischocken, Zucchini, Spitzpaprika, Brokkoli. Das ist nur eine kleine Auswahl.

Zutaten mit Proteinen Dazu zähle ich Linsen, Bohnen, Nüsse/Körner (sie sind besonders reich an guten Fetten) und von Zeit zu Zeit auch tierische Proteine, wie zum Beispiel Fisch aus nachhaltigem Fischfang. Bio-Tofu ist eine gute vegane Alternative. Ich empfehle auch den Nährstoffgehalt eines Salates mit 1 EL eines Superkorns zu steigern, wie zum Beispiel Hanfsamen, Chiasamen oder geschrotete Leinsamen.

Lebensmittel mit guten Fetten Avocado, Nüsse/Körner und sogar Tahin machen sich gut in einem Dressing und natürlich Olivenöl. Manchmal gebe ich auch etwas Feta aus Schafsmilch dazu.

Zutaten mit komplexen Kohlenhydraten Süßkartoffel, Kürbis, Karotten, Rote Bete, Pastinaken (sie können für Wintersalate geröstet werden), alle Früchte und Getreide oder sogenanntes Pseudogetreide, wie Quinoa und Hirse. Außerdem Buchweizen, Reis, Bulgur, Gerste oder Reisnudeln.

Tipps für einen gesunden Salat

Ein gesunder Salat ist ein einfacher und geschmackvoller Weg, um die tägliche Gemüseration zu bekommen. Die Faustregel dafür lautet, dass pro Tag fünf unterschiedliche Farben auf den Tisch kommen sollten. Wer jeden Tag den gleichen Salat isst, wird ihn schnell langweilig finden. Doch es gibt Strategien, um Salate spannend und interessant zu halten. Hier ein paar Vorschläge, wie das geht.

1. NÜSSE RÖSTEN

Egal, welche Nüsse man nimmt (zum Beispiel Walnüsse, Mandeln, Kürbissamen, Pistazien, Pinienkerne), Nüsse machen einen Salat knuspriger. Für mehr Abwechslung empfehle ich, die Körner zu rösten. Dieser einfache Zwischenschritt lässt die Aromen noch mehr zur Geltung kommen. Sie werden komplexer und schmecken interessanter.

2. ETWAS SÜSSES DAZUGEBEN

Die besten Salate sind in Geschmack, Aroma und Textur ausgewogen. Wenn zum Beispiel eine süße Zutat, wie eine frische Frucht oder trockene Cranberrys, in den Salat kommt, der sonst eher herzhaft oder pikant ist, sorgt das für diese Ausgewogenheit. Die Klassiker für süßen Geschmack im Salat-Dressing sind Honig oder Ahornsirup. Oder für den Salat sind das Früchte wie Beeren, kernlose Trauben, Birnen, Pfirsiche oder Zitrusfrüchte.

3. BLATTSALATE EINFACH MAL WEGLASSEN

Auch wenn Salat im Sprachgebrauch gleichbedeutend mit Blattsalaten ist, gibt es superleckere Salate völlig ohne grüne Blätter. Ich finde, es lohnt sich immer, mal ein anderes Gemüse als Grundlage für einen Salat zu nehmen. Zum Beispiel eine Schüssel voller saftiger Tomatenschnitten, Gurke und Karottenstreifen. Oder ein einfacher Kichererbsensalat mit Feta, Gurke und Paprika. Auch Kohl ist eine gute Basis für einen Salat (z. B. »Coleslaw«). Und schon eröffnen sich viele neue Kombinationsmöglichkeiten.

4. EIN GESUNDER SALAT BRAUCHT DIE FRISCHESTEN ZUTATEN AUS DER REGION

Hier sind saisonale Zutaten das Geheimnis. Großartige Salate bestehen aus großartigem Gemüse. Und je kürzer die Zeit zwischen Ernte und Essen ist, desto besser ist es für den Geschmack und den Nährstoffgehalt. Tomaten, die auf dem Höhepunkt des Sommers geerntet wurden, ergeben mit etwas Olivenöl, Meersalz und vielleicht auch etwas Pesto oder einem Mix aus Blättern von Kräutern mit Feta oder Mozzarella einen echten Hammersalat (»Knock-out-Salad«). Aber auch getrocknete Tomaten mit Zwiebeln und Mandelöl schmecken unglaublich gut, wenn sie frisch sind und nicht vor der Zeit geerntet wurden.

5. WIE MAN SALZ RICHTIG EINSETZT

Ein gesunder Salat braucht auch etwas Salz. Ich bin jedoch sehr vorsichtig beim Würzen meiner Salate. Häufig salze ich erst, wenn der Salat schon auf dem Tisch steht. Dann kann jeder so viel Salz nehmen, wie er möchte. Außerdem empfehle ich Zutaten zu verwenden, die von Natur aus salzig sind, wie Kapern, geräucherter Fisch, gepökeltes Fleisch (zum Beispiel Parmaschinken) oder Parmesan. Mit diesen Zutaten bekommt ein Salat einen salzigen Geschmack, ohne dass extra Salz verwendet werden muss. Eine andere Möglichkeit ist auch ein asiatisches Dressing mit Sojasauce.

Ein Blick in die Vorratskammer und den Kühlschrank

Eine gut bestückte Vorratskammer gibt mehr Flexibilität beim Kochen und ermöglicht eine schnelle Zubereitung für ein leckeres Essen, ohne jede Zutat frisch kaufen zu müssen. Hier habe ich eine Liste an Lebensmitteln, die ich für jede Vorratskammer empfehle und die in vielen meiner Rezepte zum Einsatz kommen. So gut wie jeder Koch, egal ob Profi oder Hobbykoch, verwendet bestimmte Zutaten immer wieder, ohne gelangweilt zu sein. Bei mir ist das auch so. Deshalb lohnt es sich, diese Zutaten vorrätig zu haben, da sie in mehreren Rezepten immer wieder gebraucht werden. Ich gebe in meinen Rezepten auch Tipps, wie einzelne Zutaten durch andere ersetzt werden können. Auch das spricht für eine gut geführte Vorratskammer, da es immer Möglichkeiten gibt, eine Zutat, die gerade aus ist, zu ersetzen beziehungsweise je nach Geschmack ein Rezept zu variieren.

Die meisten Zutaten, die ich verwende, gibt es in vielen Geschäften zu kaufen, sodass die Vorratskammer immer gut gefüllt ist und ein Rezept jederzeit variiert werden kann.

Basiszutaten für ein Dressing

NATIVES OLIVENÖL EXTRA

Für den täglichen Gebrauch empfehle ich extra natives, naturtrübes, ungefiltertes Olivenöl, das einem Salat ausreichend Geschmack gibt und hitzebeständig ist. Meine Empfehlung ist Farchioni Natives Olivenöl extra (»Il Casolare« grezzo naturale). Und zum Dippen oder für einen ganz normalen Salat nehme ich ein qualitativ höherwertiges und teureres Olivenöl, da dann der Geschmack wichtiger ist.

GERÖSTETES SESAMÖL

Der Nussgeschmack und das Aroma des konzentrierten Sesamöls geben dem Salat einen asiatischen Touch, der unschlagbar ist.

LIMETTEN UND ZITRONE

Zitrus ist meine Leidenschaft für Dressings. Deswegen habe ich immer Zitronen oder Limetten zu Hause. Mit einem Spritzer frisch gepresstem Zitronensaft bekommt jedes Gericht mehr Frische und Reste können am nächsten Tag wieder zum Leben erweckt werden. Für asiatische Dressings oder Früchtesalate nehme ich am liebsten Limettensaft. Für beide Zitrusfrüchte empfehle ich Bio-Qualität, da dann auch die Schale gerieben und verwendet werden kann.

KNOBLAUCH UND ZWIEBELN

Ich liebe Knoblauch! Denn mit Knoblauch bekommt jedes Gericht einen besonderen Geschmack. Das heißt nicht, dass ich den Aromageber in jedem Rezept verwende. Rote Zwiebeln, Schalotten und Lauchzwiebeln gehören bei mir auch zur Grundausstattung. Um den intensiven Geschmack der roten Zwiebeln abzuschwächen, weiche ich sie für 15–20 Minuten in kaltem Wasser ein, bevor ich sie verwende. Oder ich gebe sie in das Dressing und lasse es 10 Minuten stehen, bevor ich es über den Salat gebe. Denn die Säure mildert die Schärfe ab.

DIJON-SENF

In meinem Kühlschrank steht immer ein Glas scharfer Dijon-Senf und ein Glas körniger Senf. Der körnige Senf gibt einem Salat mehr Textur. Und der normale Dijon-Senf verleiht ihm Schärfe.

ESSIG

In meiner Küche stehen immer mehrere Essigsorten herum:

Rotweinessig – er ist wichtig für meine French Vinaigrette
Balsamicoessig – sowohl Modena als auch ein leichter weißer Balsamico sind vielseitig verwendbar
Crema di Balsamico – damit lässt sich ein fertiges Salat-Dressing zusätzlich abrunden
Ungewürzter japanischer Reisessig – für asiatische Salate ist die milde säuerliche Note wichtig
Natürlicher ungefilterter Apfelessig – dieser Essig hat eine fruchtig milde Note

SESAMMUS (TAHIN) – ERDNUSSMUS – SONNENBLUMENKERNMUS

Ein einfaches Tahin-Dressing mit Zitrone ist sehr vielseitig und kann für geröstetes Gemüse, herzhafte grüne Blattsalate oder Getreide-Bowls verwendet werden. Erdnussmus dagegen sorgt für eine thailändische Geschmacksnote. Und das geschmackvolle Sonnenblumenkernmus ist eine aufregende Alternative zu Tahin.

SOJASAUCE

Die japanische Sojasauce ist eine Umami-Zutat (das fünfte Geschmackselement) und macht einen Salat herzhaft.

ASIATISCHE FISCHSAUCE (THAI NAM PLA VON SQUID BRAND)

Diese fantastische Sauce ist nicht nur für ein Thai Curry wichtig, sondern sie gibt einem Glasnudelsalat den magischen Touch. Sie ist in jedem Asia-Laden zu finden.

SHIRO MISO PASTE

Noch so ein asiatisches Wundermittel. Der milde würzige Geschmack dieser fermentierten Würzpaste ist perfekt für Dressings und Saucen geeignet. Auch sie gibt es im Asia-Laden oder im Bioladen.

SRIRACHA CHILISAUCE

Wenn es scharf mit süßen Untertönen sein soll, kommt diese Sauce zum Einsatz. Sie wird aus Chilischoten, Zucker, Salz, Knoblauch und destilliertem Essig gemacht. Sriracha Chilisauce kann sowohl in Salat-Dressings als auch in Marinaden verwendet werden. Da sie mittlerweile sehr beliebt ist, gibt es sie in gut geführten Supermärkten.

SARDELLENFILETS (IN ÖL VERPACKT)

Sie sind in vielen Gerichten das Geheimnis für Umami-Geschmack. Meistens fragt man sich, wo der leckere Geschmack herkommt. Es gibt sie meistens in Supermärkten in der Fisch-Kühltheke.

MASCOBADO VOLLROHRZUCKER

Das ist ein dunkler, unraffinierter Vollrohrzucker mit karamellartigem Geschmack. Alternativ verwende ich Kokosblütenzucker. Beide Sorten sind im Bioladen erhältlich.

AHORNSIRUP

Als Kanadierin ist Ahornsirup natürlich meine liebste Zutat, wenn es süß sein soll. Ich nehme Grad 3 als einen kräftig aromatischen Süßstoff. Als Alternative kann ich Honig oder Agavensirup empfehlen.

MEERSALZ

In allen meinen Salaten verwende ich Flor de Sal do Algarve von Marisol. Dieses grobkörnige Salz aus Portugal wird mit der Hand geschöpft. Es ist rein und unraffiniert aus dem Atlantik an der Algarve-Küste. Ich schwöre auf dieses Salz!

Wichtige trockene Zutaten oder Zutaten aus der Dose

BOHNEN UND HÜLSENFRÜCHTE (TROCKEN ODER AUS DER DOSE)

In diesem Buch verwende ich verschiedene Bohnenarten. Das können sowohl trockene Bohnen als auch welche aus der Dose sein. Es hängt davon ab, wie viel Zeit ich für ein Rezept habe, denn trockene Bohnen müssen ein paar Stunden eingeweicht werden. Bei Dosenbohnen achte ich immer darauf, Bio-Qualität zu kaufen. Hier lohnt sich immer ein Blick auf das Etikett. Dabei achte ich auch darauf, dass keine Zusatzstoffe drin sind. In der Dose sollen wirklich nur die Bohnen, Wasser und Salz sein. Hier ein Überblick über die wichtigsten Bohnen und Hülsenfrüchte:

Französische Linsen oder schwarze Belugalinsen (die Sorten sind gut austauschbar)
Kichererbsen
Schwarze Bohnen
Riesenbohnen
Gemischte Bohnen

GETREIDE UND PASTA

Mit Getreide und Pasta wird aus einem Salat ein Hauptgericht. Getreide ist einfach zu kochen. Es wird in Wasser gekocht, bis die Körner vollgesogen, weich oder al dente sind. Bei Vollkorngerste oder Dinkel empfehle ich, sie über Nacht in Wasser einzuweichen statt schnellkochendes Getreide zu kaufen. Das Einweichen reduziert auch die Kochzeit. Als glutenfreie Alternative empfehle ich Quinoa, Hirse oder Reis.

Bei Pasta ist für mich Vollkornpasta immer die gesunde Wahl. Dabei nehme ich häufig Dinkelnudeln. Braune Reispasta ist die glutenfreie Option, die immer noch den Geschmack und die Textur von normaler Hartweizen-Pasta hat.

Auch hier der Überblick:

Quinoa
Hirse
Rollgerste (Graupen)
Spelt
Grünkern
Bulgur
Rundkorn-Naturreis
Reismischung mit Wildreis
Orzo Reisnudeln
Andere trockene Pastasorten

WEITERE WICHTIGE ZUTATEN

Kapern
Oliven
Getrocknete Tomaten
Marinierte Artischockenherzen
Parmesan
Feta
Buttermilch
Panko Paniermehl (gibt es im Asia-Laden)
Nüsse und Körner
Hefeflocken (als vegane Alternative für Parmesan)

GEWÜRZE UND GEWÜRZMISCHUNGEN

Diese Gewürze und Gewürzmischungen sorgen für einen exotischen und mediterranen Geschmack:

Kreuzkümmel
Sumach
Za'atar
Harissa

Allgemeine Hinweise

Portionen: Die meisten Rezepte in diesem Buch können als Hauptgericht oder als leichtes Hauptgericht variiert werden.

Die **Kalorien** pro Portion dienen als Indikator dafür, wie sättigend ein Salat ist. Bei Salaten mit einer hohen Kalorienzahl stellt sich meistens nach einer Portion ein Sättigungsgefühl ein. Andere leichte Gerichte sind nicht so sättigend, sodass auch eine zweite Portion noch möglich ist. Ich empfehle, eine Portion zu essen, um die Kontrolle über die Kalorien zu behalten.

Die Rezepte sind so gestaltet, dass eine Servierportion als Richtlinie gut passt, um satt zu werden.

Frühling

März, April, Mai

Wenn im Frühling die Temperaturen steigen und die Sonne wieder wärmer scheint, bekomme ich Lust auf frische aromatische Salate. Endlich kann ich den ersten Spargel, zarten Spinat, viel Blattgrün und eine große Auswahl an frischen Kräutern genießen. Doch auch frische Erbsen, Dicke Bohnen und junge Kartoffeln finden ihren Weg in meine Küche. Es geht auch nichts über Bete, einen frischen Bund Karotten, Radieschen und Frühlingszwiebeln. Und im Mai, wenn der Sommer schon um die Ecke ist, lacht mich regionaler Brokkoli und Blumenkohl auf dem Markt an. Obwohl diese Kohlsorten das ganze Jahr über in Deutschland erhältlich sind, ist die Hauptsaison ab Mai bis in den November hinein. Danach kommt der Brokkoli aus westlichen Mittelmeerländern wie Spanien und Italien. Frisch schmeckt er auf jeden Fall am besten!

SPARGELSALAT

mit Zitronen-Tahin-Dressing

Vorbereitung 10 Minuten | Kochzeit 25 Minuten | Gesamt 35 Minuten | Portionen 4 | Kalorien 270 kcal

ZUTATEN

Für den gerösteten Spargel
500 g weißer Spargel, geschält, die holzigen Enden abgeschnitten und die Stangen in leicht diagonale Stücke geschnitten
2 TL Olivenöl
Meersalz und frisch gemahlener schwarzer Pfeffer

Für den Salat
100 g Quinoa
25 g Pinienkerne, leicht geröstet
4 Handvoll Spinat oder junger Spinat, grobe Stiele entfernt und etwas zerkleinert (etwa 100 g)
3 EL glatte Petersilie, klein gehackt
1 kleine rote Zwiebel, in dünne Scheiben geschnitten

Für das Tahin-Zitronen-Dressing
60 ml Zitronensaft, frisch gepresst
2 EL natives Olivenöl extra
2 EL Tahin (Sesammus), gut gerührt
1 Knoblauchzehe, zerdrückt
1 Prise Cayennepfeffer, nach Geschmack
Meersalz, nach Geschmack

ZUBEREITUNG

1. Den Ofen auf 200 °C (180 °C Umluft) vorheizen und ein Backblech mit Backpapier auslegen.

2. Die ungekochte Quinoa in einem feinen Küchensieb abspülen, in einen mittelgroßen Topf mit Wasser geben und entsprechend der Packungsanleitung kochen (etwa 15 Minuten). Sobald die meiste Flüssigkeit absorbiert und die Quinoa leicht und locker ist, den Topf vom Herd nehmen und mit einer Gabel auflockern. 5 Minuten stehen lassen und zur Seite stellen.

3. In der Zwischenzeit die Spargelstücke auf dem vorbereiteten Backblech verteilen, etwas Olivenöl darübergeben und mit Salz und Pfeffer würzen. Gut vermischen, sodass das Öl gut verteilt ist. Den Spargel in den vorgeheizten Ofen geben und so lange rösten, bis er weich und leicht bräunlich ist (etwa 15–20 Minuten, je nach Dicke der Stücke). Wenn der Spargel richtig weich sein soll, dann 5 Minuten länger im Ofen lassen.

4. Während der Spargel röstet, die Pinienkerne in einer Pfanne auf mittlerer Hitze ohne Fettzugabe leicht rösten und mehrfach wenden, damit sie nicht verbrennen. Sobald die Pinienkerne leicht bräunlich werden und angenehm duften, aus der Pfanne nehmen und zur Seite stellen.

5. Das Dressing vorbereiten: Die Zutaten (Zitronensaft, Olivenöl, Tahin, Knoblauch) in eine kleine Schüssel geben und gut vermischen. Mit Cayennepfeffer und Salz würzen.

6. In einer großen Schüssel die Zutaten (Spinat, Quinoa, Petersilie, rote Zwiebel) mit dem gerösteten Spargel vermischen und das Salat-Dressing darübergeben. Nochmal vermischen, bis das Dressing gut verteilt ist. Zuletzt mit den gerösteten Pinienkernen garnieren und servieren.

7. ENJOY!

ORZO-SALAT

mit Spargel

Der frische und aromatische Nudelsalat ist voller Frühlingsaromen und ganz einfach gemacht. Orzo-Reisnudeln werden auch als Risoni bezeichnet, und es gibt sie auch als Vollkornversion.

Vorbereitung 20 Minuten | **Kochzeit** 15 Minuten | **Gesamt** 35 Minuten | **Portionen** 4 | **Kalorien** 603 kcal

ZUTATEN

350 g Orzo-Reisnudeln
500 g grüner Spargel, die holzigen Enden abgeschnitten und in leicht diagonale Stücke geschnitten
2 große Handvoll junger Spinat, klein gehackt
400 g weiße Bohnenkerne (aus der Dose, z. B. Cannellini), abgetropft und abgespült
1 kleiner Fenchel, geviertelt, entkernt und in dünne Scheiben geschnitten
1 kleine rote Zwiebel, klein gehackt
1 Knoblauchzehe, zerdrückt
1 kleines Bund glatte Petersilie, grob gehackt
2 EL frischer Dill, klein gehackt
1 EL frische Minze, klein gehackt
1,5 EL Kapern in Lake, abgetropft und grob gehackt
Saft aus 1 ½–2 Zitronen, frisch gepresst
4 EL natives Olivenöl extra
Meersalz und frisch gemahlener schwarzer Pfeffer, nach Geschmack
2 EL Pinienkerne, leicht geröstet
25 g Parmesan (oder mehr), fein gerieben

ZUBEREITUNG

1. Die Orzo-Reisnudeln in einem mittelgroßen Topf mit gesalzenem Wasser kochen, bis sie al dente sind (siehe auch Packungsanleitung). Das Wasser über einem feinen Kochsieb abschütten und mit kaltem Wasser abspülen, bis die Nudeln abgekühlt sind. Das Wasser gut abschütteln und die Reisnudeln in eine große Salatschüssel geben.

2. In der Zwischenzeit einen Dampfgareinsatz in einen großen Topf mit Wasser (2,5 cm tief) stellen und das Wasser zum Kochen bringen. Den Spargel in den Dampfeinsatz legen und zugedeckt dämpfen, bis er außen weich und innen knackig ist (etwa 2–3 Minuten je nach Dicke des Spargels). Danach den Spargel unter kaltem Wasser abspülen, gut abschütteln und in die Schüssel mit den Nudeln geben.

3. Die restlichen Zutaten (Spinat, Bohnen, Fenchel, Zwiebel, Knoblauch, Kräuter, Kapern, Zitrone, Olivenöl, Pinienkerne, Parmesan) in die Salatschüssel geben und gut vermischen. Abschmecken und nach Geschmack mit Salz und Pfeffer nachwürzen. Bei Bedarf noch etwas mehr Zitronensaft dazugeben.

4. ENJOY!

TIPP

Orzo kann auch durch andere kleine Nudelarten ersetzt und Pinienkerne können gut gegen gestiftelte Mandeln ausgetauscht werden.

FRÜHLINGS-NUDELSALAT

mit Spargel

Dieser einfach gemachte Frühlings-Nudelsalat ist voller frischer Zutaten. Dabei ist es wichtig, Zutaten mit guter Qualität zu wählen. Der Erfolgsfaktor für diesen leckeren Nudelsalat sind die frischen Qualitätszutaten. Denn ihr Aroma unterscheidet einen Durchschnittssalat von einem Geschmackserlebnis der besonderen Art.

Vorbereitung 20 Minuten | **Kochzeit** 15 Minuten | **Gesamt** 35 Minuten | **Portionen** 4 | **Kalorien** 684 kcal

ZUTATEN

Für den Nudelsalat

400 g kurze Pasta (z. B. Torchiette)
1 EL Olivenöl
500 g grüner Spargel, die holzigen Enden abgeschnitten und in leicht diagonale Stücke geschnitten
3 Knoblauchzehen, zerdrückt
1 mittelgroße Zucchini, in dünne Scheiben geschnitten (am besten mit einer Mandoline)
Meersalz und frisch gemahlener schwarzer Pfeffer, nach Geschmack
250 g eingelegte Artischockenherzen, grob geschnitten
4 Frühlingszwiebeln, klein geschnitten
1 EL Kapern in Lake, abgetropft und grob geschnitten
1 große Handvoll Baby-Spinatblätter, grob geschnitten
40 g Parmesan, zum Servieren noch eine extra Portion
30 g Pinienkerne, leicht in der Pfanne geröstet

Für das Dressing

4 EL natives Olivenöl extra
3 EL Zitronensaft, frisch gepresst
2 EL Rotweinessig
3 EL frische Basilikumblätter, fein geschnitten
1 EL frischer Dill, fein geschnitten
½ TL Meersalz
frisch gemahlener schwarzer Pfeffer

ZUBEREITUNG

1. Die Nudeln in einem großen Topf mit gesalzenem Wasser kochen, bis sie al dente sind (siehe auch Packungsanleitung). Das Wasser über einem Sieb ausschütten und die Nudeln unter kaltem Wasser abspülen, bis sie nicht mehr heiß sind (20–30 Sekunden). Zur Seite stellen.

2. In der Zwischenzeit das Öl in einer großen beschichteten Pfanne auf mittlerer bis großer Stufe erhitzen. Sobald es heiß ist, die Spargelstücke hineingeben und mit je 1 großzügigen Prise Salz und Pfeffer würzen. Umrühren und sautieren (etwa 4 Minuten). Ab und zu umrühren.

3. Den Knoblauch und die Zucchini dazurühren und 1 EL Wasser dazugeben (das hilft dem Gemüse beim Dünsten). So lange sautieren und ab und zu umrühren, bis der Knoblauch weich ist (etwa 1 Minute). Der Spargel sollte außen weich und innen knackig sein. Die Zucchini sollte nur leicht gekocht sein. Die Pfanne vom Herd nehmen und zur Seite stellen.

4. In einer kleinen Schüssel die Dressing-Zutaten gut vermischen.

5. In einer großen Schüssel die Zutaten (gekochte Nudeln, Spargel-Mix, Artischockenherzen, Frühlingszwiebeln, Kapern, Spinat, Parmesan, geröstete Pinienkerne) vermischen. Das Dressing darüber verteilen und alles vermischen.

6. Zum Servieren den Parmesan darüberstreuen und extra Parmesan dazu servieren, wenn gewünscht.

7. ENJOY!

TIPP

Am besten schmecken Artischockenherzen frisch vom Feinkostladen in einer Kräuter-Marinade. Alternativ gibt es sie im Glas (dann die Flüssigkeit abschütten).

SPARGELSALAT

mit gemischten Bohnen, Zitrone und Kräutern

Dieser Salat begeistert durch seine Frische. Er kann gut im Voraus zubereitet werden und im Kühlschrank ruhen, bevor er serviert wird. Das macht ihn zum perfekten Picknick-Salat, oder es spart Zeit, wenn ein größeres Essen ansteht. Dazu empfehle ich ein knuspriges Brot und etwas Zaziki oder Hummus.

Vorbereitung 10 Minuten | **Kochzeit** 5 Minuten | **Gesamt** 15 Minuten | **Portionen** 4 | **Kalorien** 212 kcal

ZUTATEN

500 g grüner Spargel, die holzigen Enden abgeschnitten und in 3 cm lange Stücke geschnitten
1 Dose gemischte Bohnen (Mischung aus Kidneybohnen, Feuerbohnen, Kichererbsen, Navybohnen; 400 g), abgetropft und abgespült
1 rote Paprika, in Würfel geschnitten
2–3 Lauchzwiebeln, klein gehackt
2 EL frische Petersilie, klein gehackt
2 EL frische Minze, klein gehackt
2 EL frischer Dill, klein gehackt

Für das Dressing
3 EL natives Olivenöl extra
Schale von ½ Bio-Zitrone, fein gerieben
2 EL Zitronensaft, frisch gepresst
1 Knoblauchzehe, zerdrückt
1 TL Dijon-Senf
Meersalz und frisch gemahlener schwarzer Pfeffer, nach Geschmack

ZUBEREITUNG

1. Wasser in einen Topf geben (2,5 cm tief) und einen Dampfgareinsatz hineinstellen. Das Wasser zum Kochen bringen. Den Spargel in den Einsatz legen und zugedeckt dämpfen, bis er außen weich und innen knackig ist (etwa 2–3 Minuten je nach Dicke des Spargels). Den Spargel sofort in eiskaltem Wasser abschrecken und auf einem sauberen Küchentuch oder Küchenpapier abtropfen lassen. Den Spargel in eine Servierschüssel geben.

2. Die Zutaten (gemischte Bohnen, Paprika, Lauchzwiebeln, Kräuter) in die Schüssel mit dem Spargel geben. In einer kleinen Schüssel die Dressing-Zutaten gut vermischen und über den Salat verteilen. Alles gut vermischen.

3. ENJOY!

TIPP

Für etwas extra Crunch empfehle ich Stangensellerie. Er passt super in diesen Salat.

DICKE-BOHNEN-SALAT

nach griechischer Art

Diesen griechischen Leckerbissen mit frischen Kräutern, Tomaten, Kalamata-Oliven und Feta kann man so genießen, wie er ist, oder er kann auf einem Bett aus jungem Spinat oder einem anderen Blattgrün zubereitet werden. Er schmeckt auch auf einer Scheibe getoastetem Brot sehr lecker. Wenn frische Dicke Bohnen (auch Ackerbohnen oder Saubohnen genannt) verfügbar sind, können sie sehr gut statt trockener Bohnen verwendet werden.

Vorbereitung 20 Minuten | **Kochzeit** 30 Minuten | **Gesamt** 50 Minuten | **Portionen** 4 | **Kalorien** 307 kcal

ZUTATEN

- 225 g getrocknete Dicke, weiße Bohnen (Riesenbohnen), über Nacht eingeweicht (500 g gekocht) oder 2 Dosen Bohnen à 400 g, abgetropft und abgespült
- 3 EL natives Olivenöl extra
- 2 EL Rotweinessig
- 1 Schalotte, klein gehackt
- 1 kleine Knoblauchzehe, zerdrückt
- 30 g Kalamata-Oliven, entkernt und klein geschnitten (etwa 10 Oliven)
- 30 g getrocknete Tomaten, eingelegt in Öl (etwa 4 Hälften)
- 200 g Cherry-Tomaten, halbiert
- 2 EL frische Minzblätter, klein gehackt
- 3 EL frische glatte Petersilienblätter, klein gehackt
- 75 g Feta, zerkrümelt (oder mehr nach Geschmack)
- 1 Prise rote Chiliflocken (optional)

ZUBEREITUNG

1. Die Vorbereitung der trockenen Bohnen: Die über Nacht in Wasser eingeweichten Bohnen mit Wasser abspülen und in einen großen Topf mit kaltem Wasser geben, sodass sie ganz in dem kalten Wasser liegen (5 cm Wasser überstehend). Alles zum Kochen bringen und dann den Herd auf kleine Stufe stellen, sodass die Bohnen vor sich hin köcheln. Teilweise zugedeckt kochen lassen und ab und zu umrühren, bis die Bohnen weich sind, aber trotzdem noch ihre Form behalten (etwa 60–90 Minuten, je nachdem wie lange die Bohnen vorher eingeweicht wurden). Das Wasser abschütten und die Bohnen abkühlen lassen, bevor sie in den Salat kommen.

2. Die Bohnen in eine Servierschüssel geben und die weiteren Zutaten (Olivenöl, Essig, Schalotten, Knoblauch, Oliven und getrocknete Tomaten) dazugeben. Vermischen und die restlichen Zutaten (Cherry-Tomaten, frische Kräuter, Feta) hinzufügen. Mit Salz und Pfeffer würzen und vorsichtig vermischen.

3. Den Salat 15 Minuten (noch besser länger) stehen lassen, damit sich die Aromen verbinden.

4. ENJOY!

TIPP

• Zu diesem Salat empfehle ich einen Mix aus feinen Kräutern wie Minze, Petersilie, Koriander, Schnittlauch und/oder Dill.

• Als Blattgrün mag ich Spinat am liebsten. Manchmal gebe ich auch eine klein geschnittene Avocado dazu. Ein knuspriges Ciabatta und ein Qualitätsöl mit Salz zum Dippen ist auch eine gute Idee.

KARTOFFELSALAT

mit Räuchersaibling

Dies ist ein leckerer Kartoffelsalat, der durch den Räuchersaibling zu etwas ganz Besonderem wird. Ein Dressing aus Zitrone, Dill und Meerrettich lässt die Aromen voll zur Geltung kommen. Ich empfehle den Salat für einen Sonntagsbrunch oder als herzhaftes Hauptgericht für zwei Personen beziehungsweise als Beilage für vier Personen.

Vorbereitung 15 Minuten | **Kochzeit** 20 Minuten | **Gesamt** 35 Minuten | **Portionen** 4 | **Kalorien** 388 kcal

ZUTATEN

Für den Salat

500 g rote Kartoffeln (oder eine andere festkochende Kartoffelsorte)
200 g Räuchersaibling, die Haut entfernt, entgrätet und in kleine Stücke gezupft
1 EL Kapern in Lake, abgetropft
2 EL frischer Schnittlauch oder Frühlingszwiebeln, nur die grünen Teile, klein geschnitten
2 große Handvoll Postelein (Portulak), die Wurzeln abgeschnitten (alternativ Feldsalat)
4–5 Radieschen, die Enden abgeschnitten und in dünne Scheiben geschnitten

Für das Dressing

4 EL natives Olivenöl extra
¼ TL Zitronenschale, fein gerieben von 1 Bio-Zitrone
2 EL Zitronensaft, frisch gepresst
2 EL frischer Dill, klein gehackt
1 große Knoblauchzehe, zerdrückt
1 TL Meerrettich (aus dem Glas)
1 Prise Cayennepfeffer
Meersalz und frisch gemahlener schwarzer Pfeffer, nach Geschmack

ZUBEREITUNG

1. In einem großen Topf die ungeschälten Kartoffeln in kaltes, gesalzenes Wasser geben und zum Kochen bringen. Hitze reduzieren und köcheln lassen, bis sie weich sind, sodass ein Messer hineingesteckt werden kann (etwa 15–20 Minuten je nach Größe der Kartoffeln). Das Wasser abschütten und die Kartoffeln etwas abkühlen lassen. Mit einem kleinen Messer die Kartoffeln schälen, so lange sie noch warm sind, in Scheiben oder Würfel schneiden und in eine große Schüssel geben.

2. In einer kleinen Schüssel die Zutaten für das Dressing (Öl, Zitronenschale, Zitronensaft, Dill, Knoblauch, Meerrettich, Cayennepfeffer, Salz, Pfeffer) vermischen.

3. Die weiteren Zutaten (Räuchersaibling, Kapern, Schnittlauch oder Frühlingszwiebeln) in die Schüssel mit den Kartoffeln geben, das Dressing darüber verteilen und vorsichtig vermischen.

4. Auf einem Bett aus Postelein servieren und mit Radieschen garnieren.

5. ENJOY!

TIPP

Je nach Kartoffelsorte kann die Schale auch mitgegessen werden. Ich habe die Kartoffeln geschält, doch bei jungen Kartoffeln mit einer dünnen Schale kann das mühsame Schälen entfallen.

Räuchersaibling gibt es beim Fischhändler oder auf dem Wochenmarkt zu kaufen. Wenn keiner zu bekommen ist, geht auch Räucherforelle oder sogar Lachs.

Postelein wird auch Portulak genannt. Es gibt ihn auf dem Markt.

SPINATSALAT

mit gerösteter Roter Bete und Kichererbsen

Ein leckerer, gesunder und leicht gemachter Spinatsalat mit vielen guten und gesunden Zutaten wie Roter Bete, Kichererbsen, Bulgur, Walnüssen, Minze und Feta. Inklusive des Röstens der Roten Beten dauert die Zubereitung 45 Minuten. Wenn weniger Zeit zur Verfügung ist, kann die Rote Bete vorab geröstet oder vorgekocht gekauft werden. Wahlweise schmeckt der Salat warm oder auf Zimmertemperatur.

Vorbereitung 15 Minuten | **Kochzeit** 30 Minuten | **Gesamt** 45 Minuten | **Portionen** 4 | **Kalorien** 557 kcal

ZUTATEN

Für die geröstete Rote Bete

3 mittelgroße Rote-Bete-Knollen, geschält, halbiert und geviertelt (500–600 g)
etwas Olivenöl, um die Rote Bete darin zu wenden (etwa 1 EL)
Meersalz und frisch gemahlener schwarzer Pfeffer, nach Geschmack

Für den Salat

200 g Bulgur
3 EL natives Olivenöl extra
1 kleine rote Zwiebel, in Scheiben geschnitten
1 TL gemahlener Kreuzkümmel (Cumin)
1 TL gemahlener Koriander
1 Dose Kichererbsen (400 g), abgetropft und abgespült
100 g Baby-Spinatblätter
3 EL frische Minzblätter, klein gehackt
1 Handvoll Walnusskerne, grob gehackt und leicht geröstet
2 EL Crema di Balsamico (Balsamessig-Creme)
150 g Feta, in Krümeln

ZUBEREITUNG

1. Den Ofen auf 200 °C (180 °C Umluft) vorheizen und ein Backblech mit Backpapier auslegen.

2. Die Rote Bete in Olivenöl wenden, mit Salz und Pfeffer würzen und gleichmäßig auf dem vorbereiteten Backblech verteilen. Das Blech in den vorgeheizten Ofen schieben und die Roten Beten so lange rösten, bis sie weich sind (etwa 30 Minuten). Nach 15 Minuten die Stücke wenden, damit sie gleichmäßig rösten. Aus dem Ofen nehmen und zur Seite stellen.

3. In der Zwischenzeit den Bulgur in einem Topf mit doppelter Menge Wasser wie Bulgur zum Kochen bringen. Den Herd auf kleine Stufe stellen und köcheln lassen, bis der Bulgur weich ist (etwa 10 Minuten oder entsprechend der Packungsanleitung). Zugedeckt zur Seite stellen.

4. In einer beschichteten Pfanne 1 EL Olivenöl auf mittlerer Stufe erhitzen. Die Zwiebeln darin anbraten, bis sie weich sind (etwa 5 Minuten). Den Kreuzkümmel und den Koriander dazugeben und unter Umrühren kochen (30 Sekunden). Die Kichererbsen und die gerösteten Rote-Bete-Stücke dazugeben und unter Umrühren kochen, bis die Kichererbsen heiß sind.

5. Währenddessen die Zutaten (gekochter Bulgur, Spinat, Minze, Walnüsse) in eine große Schüssel geben. 1 EL Crema di Balsamico und 2 EL Olivenöl darübergießen. Den Kichererbsen-Mix hinzufügen und alles gut vermischen. Den Salat in Schüsseln geben und den Feta darüberkrümeln. Zum Schluss den restlichen EL Crema di Balsamico darübergeben.

6. ENJOY!

DINKELSALAT

mit Hähnchen, getrockneten Tomaten und Mandeln

Dieser Salat ist voller mediterraner Aromen. Dazu gehören getrocknete Tomaten, geröstete Mandeln, rote Zwiebel, junger Spinat und saftiges Hähnchenbrustfilet. Der Dinkelsalat kann auch ohne Fleisch vegan beziehungsweise vegetarisch genossen werden. Als Fleischersatz dient eine 400-g-Dose Kichererbsen.

Vorbereitung 10 Minuten | **Kochzeit** 25 Minuten | **Gesamt** 35 Minuten | **Portionen** 4 | **Kalorien** 437 kcal

ZUTATEN

Für den Salat

130 g Dinkel (schnellkochend)
1 EL Olivenöl
500–600 g Hähnchenbrustfilet
Meersalz und frisch gemahlener schwarzer Pfeffer, nach Geschmack
75 g in Öl eingelegte getrocknete Tomatenhälften, klein gehackt
1 große rote Zwiebel, klein geschnitten
4 Handvoll junger Spinat, die Stängel abgeschnitten und die Blätter klein gehackt (etwa 100 g)
2 kleine Bund glatte Petersilie, klein gehackt
75 g Mandelsplitter, leicht geröstet

Für das Dressing

6 EL natives Olivenöl extra
2 EL Crema di Balsamico (Balsamessig-Creme)
1 EL Zitronensaft, frisch gepresst
Meersalz und frisch gemahlener schwarzer Pfeffer, nach Geschmack

ZUBEREITUNG

1. Den Dinkel entsprechend der Packungsanleitung in Wasser kochen mit doppelt so viel Wasser wie Dinkel (etwa 20 Minuten). Sobald er fertig gekocht ist, übrig gebliebenes Wasser abschütten und den Dinkel zugedeckt zur Seite stellen.

2. Während der Dinkel kocht, das Hähnchen vorbereiten. Die Hähnchenbrüste mit etwas Olivenöl einreiben und Salz und Pfeffer darüberstreuen.

3. In einer großen Grillpfanne 1 EL Olivenöl auf mittlerer bis hoher Stufe erhitzen und die Hühnerbrüste darin braten, bis sie auf einer Seite goldbraun sind (etwa 1 Minute). Das Fleisch wenden und die andere Seite goldbraun braten. Den Herd auf mittlere Stufe stellen und die Pfanne mit einem Deckel zudecken. Weitere 5 Minuten braten, das Fleisch wenden und nochmal 5 Minuten kochen, bis es durch ist. (Die Garzeit kann je nach Größe der Hähnchenbrüste variieren. Bei kleineren Stücken reduziert sich die Garzeit.)

4. Den Herd abstellen und die Pfanne zur Seite stellen, damit das Fleisch in der Pfanne noch ein paar Minuten liegen bleibt. Danach in kleine Stücke schneiden.

5. In einer kleinen Schüssel die Dressing-Zutaten vermischen (bis sie sich verbinden und eine Emulsion entsteht).

6. In einer großen Servierschüssel die Zutaten (gekochter Dinkel, getrocknete Tomaten, Zwiebel, Spinat, Petersilie, Mandeln) vermischen. Das Dressing darübergeben und vermengen. Zum Schluss die Fleischstücke hineingeben und einmal durchrühren.

7. ENJOY!

LINSENSALAT

mit Karotten und Tahin-Dressing

Ein einfaches Rezept für einen gesunden und herzhaften Linsensalat mit im Ofen gebackenen Karotten, Spinat und Granatapfel. Darüber kommt ein Zitronen-Tahin-Dressing. Dieser Salat ist ein 100 Prozent veganes Gericht, das vollkommen pflanzlich ist. Das Rezept reicht für zwei Personen als Hauptgericht und für vier Personen als Beilage.

Vorbereitung 10 Minuten | **Kochzeit** 25 Minuten | **Gesamt** 35 Minuten | **Portionen** 4 | **Kalorien** 302 kcal

ZUTATEN

Für den Salat

150 g grüne französische Linsen (Le Puy)
5–6 Karotten, der Länge nach halbiert und in gleich große Stücke geschnitten (550 g)
1 EL Olivenöl
¼ EL Cayennepfeffer, oder mehr nach Geschmack
½ TL gemahlener Kreuzkümmel (Cumin)
1 Prise Zimt (Ceylon)
½ TL Meersalz
frisch gemahlener schwarzer Pfeffer, nach Geschmack
2 Handvoll Spinat, die Stängel entfernt und die Blätter klein gehackt (alternativ geht auch Rucola)
Kerne von ½ Granatapfel
Sumach, zum Garnieren (optional)

Für das Dressing

4 EL Tahin (Sesammus), gut gerührt
2 EL Zitronensaft, frisch gepresst
1 große Knoblauchzehe, zerdrückt
½ TL gemahlener Kreuzkümmel (Cumin)
60 ml kaltes Wasser
Meersalz und frisch gemahlener schwarzer Pfeffer, nach Geschmack

ZUBEREITUNG

1. Die Linsen in Wasser kochen (Verhältnis Linsen zu Wasser 1 : 2), bis sie gar sind, aber noch leichten Biss haben (etwa 20–25 Minuten oder nach Packungsanleitung). Das restliche Wasser über einem Sieb abschütten.

2. In der Zwischenzeit den Ofen auf 200 °C (180 °C Umluft) vorheizen und ein Backblech mit Backpapier auslegen.

3. Die Karotten auf dem vorbereiteten Backblech auslegen und mit Öl und den Gewürzen (Cayennepfeffer, Kreuzkümmel, Zimt, Meersalz, Pfeffer) gut mit den Händen vermischen (das kann auch vorab gemacht und auf das Backblech gegeben werden). Eine Schicht Karotten so auslegen, dass sie nicht zu dicht nebeneinanderliegen und im Ofen backen, bis sie weich und leicht braun sind (15–20 Minuten je nach Größe der Stücke).

4. In einer kleinen Schüssel die Dressing-Zutaten (Tahin-Paste, Zitronensaft, Knoblauch, Kreuzkümmel und Wasser) gut vermischen. Gegebenenfalls mit mehr Wasser verdünnen.

5. Zum Servieren den Spinat auf eine Servierplatte geben (oder auf zwei Teller) und die Linsen und Karotten darauflegen. Etwas Tahin-Dressing darüber verteilen und mit Granatapfelkernen und Sumach (wenn gewünscht) garnieren. Das übrige Dressing extra servieren, falls jemand noch mehr möchte.

6. ENJOY!

TIPPS

Die Linsen können vorab in Wasser eingeweicht werden. Dann sind sie leichter verdaulich und müssen nicht so lange kochen. Dafür werden sie in kaltes Wasser mit einem Spritzer Apfelessig gelegt und über Nacht stehen gelassen. Vor dem Kochen das Wasser abschütten.

Wenn kein Sumach vorrätig ist, kann er auch weglassen werden. Er gibt dem Salat eine leicht säuerliche, zitronige Note. Sumach gibt es in türkischen Läden, im Gewürzhandel oder online.

THAI-SALAT

mit Erdnussdressing

Ein fantastisches Rezept für einen Thai-Salat mit einem cremigen Erdnussdressing. Dazu kommen frisches, knuspriges Gemüse und gebratener Tofu. Das ist gesund und lecker! Für ein gesundes Mittagessen kann ich diesen veganen Low-Carb-Salat sehr empfehlen!

Vorbereitung 20 Minuten | **Kochzeit** 15 Minuten | **Gesamt** 35 Minuten | **Portionen** 4 | **Kalorien** 279 kcal

ZUTATEN

Für den Tofu

400 g fester Natur-Tofu, in Würfel geschnitten
2 EL Maisstärke
grobes Meersalz und frisch gemahlener schwarzer Pfeffer, nach Geschmack
2 EL Olivenöl

Für den Salat

1 rote Paprika, in Würfel geschnitten
2 mittelgroße Karotten, gerieben
½ kleiner Spitzkohl, geschreddert (etwa 2 große Handvoll)
¼ kleiner Rotkohl, geschreddert (1 Handvoll)
1 kleines Bund Koriander, klein gehackt
3 Lauchzwiebeln, klein gehackt
1 frische rote Chilischote, entkernt und die weiße Membranhaut entfernt, klein gehackt

Für das Dressing

3 EL feines Erdnussmus (ungesüßt)
2 EL Sojasauce
2 TL geröstetes Sesamöl
1 EL Ahornsirup
2 TL Sriracha (Thai-Chilisauce)
Saft von 1 Limette, frisch gepresst
1–2 EL kaltes Wasser

Zum Garnieren

extra Koriander, klein gehackt
Sesamsamen, geröstete Erdnusskerne oder Cashewkerne (ungesalzen)

ZUBEREITUNG

1. In einer großen Schüssel die Zutaten (Tofu-Würfel, Stärke, Salz und Pfeffer) vorsichtig vermischen, bis der Tofu gut bedeckt ist. Das Öl in einer gusseisernen Pfanne oder einer Bratpfanne auf mittlerer bis hoher Stufe erhitzen. Die Tofu-Würfel dazugeben und braten (8–10 Minuten). Ab und zu wenden, damit sie gleichmäßig braten. Vom Herd nehmen und zur Seite stellen.

2. In der Zwischenzeit in einer kleinen Schüssel die Dressing-Zutaten (Erdnussmus, Sojasauce, Sesamöl, Ahornsirup, Sriracha, Limettensaft) vermischen. Wasser zum Verdünnen dazugeben, bis die gewünschte Konsistenz erreicht ist.

3. In einer großen Schüssel die Zutaten (rote Paprika, Karotte, Kohl, Tofu, Koriander, Lauchzwiebel, Chilischote) vermischen und das Dressing darübergeben. Vorsichtig vermischen.

4. Mit Sesamsamen (oder Nüssen) und Koriander garnieren.

5. ENJOY!

TIPP

Wenn der Tofu sehr feucht ist, kann die Flüssigkeit mit Küchenpapier herausgedrückt werden, bevor der Tofu zubereitet wird. Als Alternative zu Tofu schmeckt geschreddertes Hähnchenfleisch oder gegrilltes Lachsfilet. Und wer es weiterhin vegan möchte, kann Tofu durch Kichererbsen oder eine andere vegane Proteinquelle austauschen. Und statt Protein machen sich auch Nudeln gut in diesem Salat. Ich empfehle Soba-Nudeln, Reisnudeln oder auch Udon-Nudeln.

BLUMENKOHL-NUDEL-SALAT

mit Kichererbsen

Ein leckerer und wunderbar aromatischer Blumenkohl-Nudelsalat mit knusprigen Kapern, Kichererbsen, Rucola, Zitrone und geröstetem Panko-Paniermehl. Dieser Salat schmeckt das ganze Jahr über.

Vorbereitung 15 Minuten | **Kochzeit** 35 Minuten | **Gesamt** 50 Minuten | **Portionen** 4 | **Kalorien** 571 kcal

ZUTATEN

Für den Salat

1 Blumenkohlkopf, in kleine Röschen geschnitten
5 EL Olivenöl, aufgeteilt
Meersalz und frisch gemahlener schwarzer Pfeffer, nach Geschmack
3 EL Kapern, die Flüssigkeit abgeschüttet und trocken getupft
1 Dose Bio-Kichererbsen (400 g), abgetropft und abgespült
1 Prise rote Chiliflocken (oder Cayennepfeffer)
225 g mittelgroße Pasta nach Wahl (z. B. Strozzapreti)
4 EL Zitronensaft, frisch gepresst (oder mehr nach Geschmack)
100 g junger Rucola
Parmesan, frisch gerieben, zum Garnieren

Für die gerösteten Panko-Brotkrumen

1 TL ungesalzene Butter
1 TL natives Olivenöl extra
25 g Panko (japanisches Paniermehl)
1 große Knoblauchzehe, zerdrückt
1 EL Parmesan, frisch gerieben

ZUBEREITUNG

1. Den Ofen auf 200 °C (180 °C Umluft) vorheizen und ein Backblech mit Backpapier auslegen.

2. Die Blumenkohlröschen auf dem Backblech verteilen und 1 EL Olivenöl darüber verteilen. Mit Salz und Pfeffer würzen und gleichmäßig in einer Schicht ausbreiten. (Achtung: Die Röschen dürfen nicht zu eng beieinanderliegen!)

3. Im vorgeheizten Ofen auf der mittleren Schiene für etwa 25–30 Minuten rösten, bis die Spitzen leicht braun werden.

4. In einer großen, tiefen Pfanne 2 EL Olivenöl auf mittlerer bis hoher Stufe erhitzen. Die Kapern dazugeben und unter leichtem Umrühren kochen, bis sie knusprig sind (etwa 3–4 Minuten). Um Spritzer zu verhindern, empfehle ich, einen Deckel oder ein Sieb daraufzulegen.

5. Die Kapern auf einen Teller auf ein Papiertuch geben und das Öl in der Pfanne lassen. Die Kapern zur Seite stellen.

6. Die Kichererbsen in die Pfanne mit dem aufbewahrten Öl geben und auf mittlerer bis hoher Stufe unter Umrühren kochen, bis sie knusprig werden (etwa 5 Minuten). Den Herd auf kleine Stufe stellen und mit Salz, Pfeffer und Chiliflocken würzen.

7. In der Zwischenzeit die Nudeln in einem großen Topf mit Salzwasser kochen, bis sie al dente sind (siehe auch Packungsanleitung). Das Kochwasser über einem Sieb abschütten und die Nudeln mit kaltem Wasser abspülen, um den Kochprozess zu stoppen. Das Tropfwasser gut abschütteln, dann die Nudeln in eine große Schüssel geben.

8. Zum Zubereiten der Panko-Brösel in einer beschichteten Pfanne 1 TL Olivenöl und 1 TL Butter auf mittlerer bis hoher Stufe erhitzen. Sobald die Butter geschmolzen ist, den Knoblauch darin anbraten, bis er weich ist (1–2 Minuten). Das Panko hinzufügen und unter ständigem Umrühren anbraten, bis es goldbraun wird (2 Minuten). Die Pfanne vom Herd nehmen und den geriebenen Parmesan unterrühren. Zur Seite stellen.

9. Den gerösteten Blumenkohl in die Schüssel mit den Nudeln geben und die Zutaten (Zitronensaft, den restlichen EL Olivenöl, Kichererbsen und Kapern) dazugeben. Mit Salz und Pfeffer würzen und alles vermischen. Den Rucola und etwas geriebenen Parmesan darüberstreuen und vorsichtig vermischen.

10. Die Hälfte der gerösteten Brotkrumen über den Nudelsalat verteilen und vorsichtig vermischen. Die restlichen Brotkrumen als Topping darübergeben und, wenn gewünscht, mit mehr Parmesan garnieren.

11. ENJOY!

BROKKOLI-NUDELSALAT

mit Buttermilch-Dressing

Für diesen Brokkoli-Nudelsalat mit Buttermilch-Dressing wird der Brokkoli im Ofen geröstet. Der Salat versammelt wunderbare Aromen, die durch frische Kräuter und Lauchzwiebel ergänzt werden. Für die cremige Konsistenz sorgt die Buttermilch. Dazu kommt, dass der Pastasalat mit Brokkoli durch die gerösteten Walnüsse ein knackiges Nuss-Aroma bekommt. Und Walnuss verträgt sich geschmacklich super mit Brokkoli!

Vorbereitung 15 Minuten | Kochzeit 15 Minuten | Gesamt 30 Minuten | Portionen 4 | Kalorien 461 kcal

ZUTATEN

Für das Buttermilch-Dressing
200 ml Bio-Buttermilch
2 EL natives Olivenöl extra
Zitronenschale, fein gerieben von 1 Bio-Zitrone
1 EL Zitronensaft, frisch gepresst
1 TL ungewürzter Reisessig (japanisch)
½ TL Meersalz, oder mehr nach Geschmack
frisch gemahlener schwarzer Pfeffer, nach Geschmack
1 kleines Bund glatte Petersilie, klein gehackt
1 große Handvoll Basilikumblätter, klein geschnitten
1 TL fein gehackter frischer Estragon (optional)

Für den Salat
2 kleine Köpfe Brokkoli, in kleine Stücke geschnitten (300 g geschnitten)
1 EL Olivenöl
250 g Pasta (z. B. Fusilli)
2 Lauchzwiebeln, klein gehackt
30 g Walnusskerne, leicht geröstet und grob gehackt

ZUBEREITUNG

1. Den Ofen auf 220 °C (200 °C Umluft) vorheizen und ein Backblech mit Backpapier auslegen.

2. Die Brokkoliröschen in Olivenöl (1 EL) wenden und gleichmäßig auf dem vorbereiteten Backblech auslegen (nicht zu eng nebeneinanderlegen).

3. Das Backblech in den Ofen schieben und den Brokkoli rösten, bis er mit einer Gabel leicht durchstochen werden kann und die Ränder leicht braun sind (10–12 Minuten).

4. In der Zwischenzeit die Nudeln kochen und das Dressing zubereiten.

5. Die Nudeln in einem großen Topf mit gesalzenem Wasser kochen, bis sie al dente sind (entsprechend der Packungsanleitung). Das Nudelwasser über einem Sieb abschütten und die Nudeln mit kaltem Wasser gut abspülen, sodass sie nicht weiterkochen. Das Tropfwasser gut abschütteln.

6. In einer mittelgroßen Schüssel die Dressing-Zutaten (Buttermilch, Olivenöl, Zitronenschale, Zitronensaft, Reisessig, Meersalz und Pfeffer) vermischen. Die Kräuter dazugeben und vermischen. Abschmecken und gegebenenfalls mit Salz nachwürzen.

7. Die Nudeln in eine große Servierschüssel geben und das Dressing darüber verteilen. Gut vermischen. Die weiteren Zutaten (Lauchzwiebel, gerösteter Brokkoli, Walnüsse) dazugeben und vermischen. Mit Salz und Pfeffer gegebenenfalls nachwürzen.

8. ENJOY!

TIPPS

Dieser Brokkoli-Nudelsalat kann auch einfach vegan zubereitet werden. Dafür wird das Buttermilch-Dressing durch ein Tahin-Dressing ersetzt.

KLASSISCHER CAESAR SALAD

mit Hähnchen

Ein klassischer Caesar Salad mit Hähnchen wird mit Romanasalat, Radicchio (für mehr Farbe), selbst gemachten Croûtons, Parmesan und Grillhähnchen gemacht. Dazu kommt ein leckeres original Caesar-Dressing. Dieses Rezept ist eins meiner traditionellen Familienrezepte, das seit Generationen weitergegeben wird. Es wird ohne Sardellen gemacht, und es ist einfach und schnell zubereitet. Ich garantiere, dass Gäste und Familie begeistert sein werden.

Vorbereitung 15 Minuten | **Kochzeit** 15 Minuten | **Gesamt** 30 Minuten | **Portionen** 4 | **Kalorien** 570 kcal

ZUTATEN

Für den Salat

150 g Brot, am besten 1 Tag alt (z. B. Ciabatta oder ein knuspriges Brot), in Würfel geschnitten (2,5 cm)
1 Grillhähnchen, die Haut entfernt und klein geschnitten
2 EL natives Olivenöl extra
Salz
frisch gemahlener schwarzer Pfeffer, nach Geschmack
1 großer Kopf Romanasalat (oder 2 kleine Köpfe), klein gehackt
1 Handvoll Radicchioblätter, klein gehackt
30 g Parmesan, frisch gerieben, und etwas mehr zum Servieren

Für das Dressing

2 Knoblauchzehen, zerdrückt
6 EL natives Olivenöl extra
2 EL Rotweinessig (gute Qualität)
1 EL Zitronensaft, frisch gepresst
1 TL Dijon-Senf
½ TL Meersalz
½ TL Worcestershiresauce
1 rohes Ei

ZUBEREITUNG

1. Den Ofen auf 175 °C (155 °C Umluft) vorheizen.

2. Ein Backblech mit Backpapier auslegen und darauf die Zutaten (Brotwürfel, klein geschnittene Haut des Grillhähnchens, 2 EL Olivenöl) im Öl wenden. Mit Salz und Pfeffer nach Geschmack würzen.

3. Das Blech in den Ofen schieben und die Croûtons und die Haut grillen, bis alles goldbraun und knusprig ist (12–15 Minuten). Während des Grillens ab und zu wenden.

4. In der Zwischenzeit das Dressing zubereiten. Die Dressing-Zutaten in ein Schraubglas mit Deckel geben, gut schütteln und zur Seite stellen.

5. Das Hähnchenfleisch von den Knochen lösen und in grobe Stücke schneiden.

6. Die Zutaten (Romanasalat, Radicchio, Parmesan) in eine große Schüssel geben und das Dressing darüber verteilen. Mit frisch gemahlenem Pfeffer würzen und gut vermischen. Das Grillhähnchen und die Croûtons dazugeben und nochmal vermischen.

7. Mit extra Parmesan garnieren und servieren.

8. ENJOY!

TIPP

Die Croûtons können auch ganz klassisch gemacht werden. Dafür die Brotkrumen in Olivenöl mit etwas zerdrücktem Knoblauch, trockenen Kräutern (z. B. Thymian, Oregano oder einer italienischen Gewürzmischung) plus etwas Salz wenden und in den Ofen schieben. Das geht wirklich einfach!

CAESAR PASTA SALAD

(vegan)

Dieses einfache Rezept für einen veganen Caesar-Pasta-Salat ist auch für Fans des Originals zu empfehlen. Mit seiner Kombination aus Nudeln und einem knusprigen Salat ist er wirklich einen Versuch wert. Diese Kreation ist so besonders, weil sie vegan ist und trotzdem den Vergleich mit dem Original Caesar Salad nicht scheuen muss.

Vorbereitung 15 Minuten | **Kochzeit** 10 Minuten | **Gesamt** 25 Minuten | **Portionen** 4 | **Kalorien** 459 kcal

ZUTATEN

Für den Salat

250 g Pasta (z. B. Farfalle)
4 Handvoll Römersalat oder 4 kleine Römersalatherzen, klein gehackt
1 Handvoll Radicchio, geschreddert
25 g Mandelsplitter, leicht geröstet

Für das Tahin-Caesar-Salat-Dressing

2 EL Tahin (Sesammus)
1 EL körniger Dijon-Senf
2 EL Zitronensaft, frisch gepresst
1 Knoblauchzehe, zerdrückt
½ TL grobkörniges Meersalz
frisch gemahlener schwarzer Pfeffer, nach Geschmack
½ EL Ahornsirup
2 EL Hefeflocken (aus dem Bioladen)
4 EL natives Olivenöl extra
4 EL Wasser, oder mehr wenn nötig

ZUBEREITUNG

1. Die Nudeln in einem großen Topf mit gesalzenem Wasser kochen, bis sie al dente sind (entsprechend der Packungsanleitung). Das Nudelwasser über einem Sieb abschütten und die Nudeln mit kaltem Wasser gut abspülen, sodass sie nicht weiterkochen. Das Tropfwasser gut abschütteln.

2. In der Zwischenzeit in einer kleinen Schüssel die Dressing-Zutaten (Tahin, Senf, Zitronensaft, Knoblauch, Salz, Pfeffer, Ahornsirup, Hefeflocken und Olivenöl) gut vermischen und etwas Wasser dazugeben, bis ein cremiges Dressing entsteht. Wenn es zu dickflüssig ist, kann es mit etwas mehr Wasser verdünnt werden.

3. In einer großen Schüssel den Römersalat, Radicchio und die Hälfte der gerösteten Mandelsplitter vermischen. Die Nudeln und das Dressing dazugeben und mischen, bis alles gut mit dem Dressing bedeckt ist. Abschmecken und gegebenenfalls nachwürzen.

4. Mit den übrigen Mandelsplittern garnieren und servieren.

5. ENJOY!

TIPPS

Hefeflocken gibt es in manchen Reformhäusern und in vielen Bio-Supermärkten und natürlich online. Sie sind ein leckerer und würziger Käseersatz. Außerdem sind sie vegan und stecken voller gesunder B-Vitamine.

WARMER PILZSALAT

mit Gerste und Kräutern

Dieser warme Pilzsalat mit Gerste und Kräutern ist ein herzhafter Mix aus wilden Pilzen, die gebraten werden. Die Frühlingskräuter (Estragon, Majoran, Schnittlauch, Petersilie) und eine pikante Vinaigrette veredeln den leckeren Frühlingssalat. Der aromatische Salat ist ein perfektes vegetarisches beziehungsweise veganes Gericht.

Vorbereitung 20 Minuten | **Kochzeit** 30 Minuten | **Gesamt** 50 Minuten | **Portionen** 4 | **Kalorien** 390 kcal

ZUTATEN

Für den Salat

200 g Rollgerste (Graupen)
500 g gemischte Pilze (z. B. Shimeji Buchenpilze, Brauner Kräuterseitling, Shiitake, Champignons, Austernpilze)
2 EL Olivenöl
1 EL Butter (oder eine vegane Alternative)
2 Zweige Thymian
Meersalz und frisch gemahlener schwarzer Pfeffer, nach Geschmack
2 Handvoll weiche Kräuter (z. B. eine Mischung aus Majoran, Estragon, Schnittlauch und Petersilie), klein gehackt

Für das Dressing

1 EL ungewürzter Reisessig (japanisch)
Zitronensaft, frisch gepresst aus einer ½ Zitrone
½ TL Zitronenabrieb von 1 Bio-Zitrone
1 Knoblauchzehe, zerdrückt
1 TL Dijon-Senf
3 EL natives Olivenöl extra
Zitronenschnitten oder -scheiben, zum Servieren (optional)

ZUBEREITUNG

1. Die Rollgerste in einem Topf mit Wasser (dreifache Menge wie Gerste) kochen (30 Minuten oder entsprechend Packungsanleitung). Vom Herd nehmen und stehen lassen (15 Minuten). Wenn noch etwas Wasser vorhanden ist, die Gerste in einem Sieb abtropfen lassen (oder mit einem Topfdeckel über dem Topf abschütten). Die gekochte Gerste in eine Servierschüssel geben.

2. In der Zwischenzeit die Pilze in Scheiben schneiden. Kleinere Pilze können ganz bleiben.

3. Eine gusseiserne Pfanne oder schwere Bratpfanne auf mittlerer Stufe erhitzen und 2 EL Olivenöl und 1 EL Butter hineingeben. Sobald die Butter geschmolzen ist, die Pilze in die Pfanne geben und mit den Thymianzweigen und schwarzem Pfeffer gut würzen.

4. Den Herd auf hohe Stufe stellen und unter Umrühren die Pilze anbraten, bis die Säfte austreten und die Pilze goldbraun sind (etwa 10 Minuten).

5. Die Pfanne vom Herd nehmen und mit Salz würzen.

6. In einer kleinen Schüssel die Dressing-Zutaten (Essig, Zitronensaft, Zitronenabrieb, Knoblauch, Senf, Olivenöl) gut vermischen. Mit Salz und Pfeffer würzen.

7. Die Kräuter in die Schüssel mit der Gerste geben. Das Dressing darüber verteilen und vermischen. Die Pilze dazugeben und vorsichtig untermischen. Abschmecken und nach Geschmack nachwürzen. Mit Zitronenschnitten oder Scheiben servieren.

8. ENJOY!

LAMMFILET

mit orientalischem Bulgursalat

Ein leckeres Rezept für ein zartes Lammfilet auf einem Bulgursalat voller Kräuter und Aromen aus dem Nahen Osten. Das Gericht ist perfekt geeignet für ein Osterfest mit der ganzen Familie oder als ein ganz normales Sonntagsessen.

Vorbereitung 15 Minuten | **Kochzeit** 25 Minuten | **Gesamt** 40 Minuten | **Portionen** 4 | **Kalorien** 523 kcal

ZUTATEN

Für den Salat
300 g Bulgur
300 g Cherry-Tomaten, halbiert (je süßer, desto besser)
2 kleine Bund glatte Petersilie, klein gehackt
1 kleines Bund Koriander, klein gehackt
2 EL frische Minzblätter, klein gehackt
2 EL Pinienkerne, leicht geröstet
Kerne von 1 Granatapfel
500 g Lammfilet (aus nachhaltiger Tierhaltung)
etwas Olivenöl

Für das Salat-Dressing
3 EL natives Olivenöl extra
1 TL gemahlener Koriander
1 TL gemahlener Kreuzkümmel
½ TL Sumach
½ TL grobkörniges Meersalz, oder mehr nach Geschmack
frisch gemahlener schwarzer Pfeffer, nach Geschmack
2 EL Granatapfel-Balsam

Für die Joghurt-Sauce
200 g griechischer Joghurt
2 TL natives Olivenöl extra
1 ½ EL frische Minze, klein gehackt
1 TL Zitronensaft, frisch gepresst

ZUBEREITUNG

1. Den Bulgur entsprechend der Packungsanleitung in leicht gesalzenem Wasser 10 Minuten kochen, bis er weich und flockig ist. Nach dem Kochen den Bulgur mit einer Gabel auflockern und in Servierschüsseln zum Abkühlen geben. Alternativ kann der Bulgur eingelegt werden. Dafür wird der Bulgur in eine Schüssel gegeben und mit kochend heißem Wasser übergossen, bis das Wasser etwa 1 cm übersteht. Mit einem Teller zudecken und stehen lassen, bis der Bulgur das Wasser aufgenommen hat (etwa 30 Minuten).

2. In einer kleinen Schüssel die Dressing-Zutaten vermischen und zur Seite stellen.

3. Sobald der Bulgur abgekühlt ist, die Cherry-Tomaten, die gehackte Petersilie, den Koriander und die Minze dazugeben. Danach das Dressing darüber verteilen und gut vermischen. Die Pinienkerne und die Granatapfelkerne dazugeben und nochmal vorsichtig vermischen. Auf einer Servierplatte anrichten.

4. Die Lammfilets mit Öl einreiben und mit Salz und Pfeffer nach Geschmack würzen.

5. Eine beschichtete Pfanne auf mittlerer bis hoher Stufe erhitzen und das Lammfilet auf einer Seite anbraten, bis etwas Flüssigkeit auf der oberen Seite austritt. Dann umdrehen und auf der rohen Seite anbraten. Das Fleisch muss dreimal gewendet werden, bis beide Seiten braun sind. Mit der Küchenzange testen, ob das Fleisch durch ist. Wenn es weich ist, ist es noch roh. Wenn es elastisch ist, ist es medium durch. Und wenn es fest ist, ist es »well done«. (Achtung Lammfleisch ist schnell gar. Je nach gewünschter Konsistenz dauert es nur wenige Minuten.) Vor dem Anschneiden das Fleisch 2–3 Minuten ruhen lassen.

6. Während das Fleisch ruht, die Joghurt-Sauce vorbereiten. Dazu in einer kleinen Schüssel alle Zutaten gut vermischen und nach Geschmack nachwürzen.

7. Das geschnittene Fleisch auf den Bulgursalat auf der Servierplatte geben und mit extra Kräutern garnieren. Sofort servieren und die Joghurtsauce dazu auf den Tisch stellen.

8. ENJOY!

Sommer

Juni, Juli, August

Während der Sommermonate retten mich Salate immer wieder. Als leichtes Mittagessen oder erfrischendes Abendessen benötigen sie für die Zubereitung nur wenig Zeit. Um in der heißen Jahreszeit ausreichend Gemüse zu sich zu nehmen, empfehle ich ein paar Sommersalate in das feste Repertoire aufzunehmen. Die Zutatenliste macht richtig Spaß. Denn Früchte und Beeren sind reichlich vorhanden. Und dazu kommt leckeres Gemüse wie Gurken, Brokkoli, Bohnen, Spitzkohl, Blumenkohl, gelbe und grüne Zucchini sowie saftige Tomaten. Der Sommer verwöhnt uns mit Gemüse im Überfluss, und es ist nicht schwer, mehr als nur grünen Salat zu machen. Die Vielfalt macht es fast möglich, jeden Tag einen anderen Salat zuzubereiten. Der Sommer bietet auch die Chance für eine gesunde und hauptsächlich pflanzliche Ernährung. In diesem Kapitel finden aber auch Salat-Fans neue Inspiration. Dabei können die meisten Rezepte als Beilage, zum Beispiel zum Grillen, oder als gesundes Hauptgericht serviert werden.

QUINOASALAT

mit Za'atar, Kräutern und Pistazien

Dieser Quinoasalat ist von der Küche des Nahen und Mittleren Ostens inspiriert. Das heißt auch, dass viele Kräuter darin sind. Dazu kommen saftige Tomaten, rote Zwiebel, Rucola und Pistazien. Darüber gebe ich ein leckeres Dressing mit Za'atar-Gewürzmischung. Der vegane Salat kann als Beilage oder als Hauptgericht für zwei Personen serviert werden.

Vorbereitung 15 Minuten | **Kochzeit** 20 Minuten | **Gesamt** 35 Minuten | **Portionen** 4 | **Kalorien** 320 kcal

ZUTATEN

Für den Salat
200 g Quinoa, abgespült
1 mittelgroße rote Zwiebel, in dünne Scheiben geschnitten
1 kleines Bund frischer Koriander, klein gehackt
1 kleines Bund frische Petersilie, klein gehackt
250 g Cherry-Tomaten oder Mini-Roma-Tomaten, halbiert
1 große Handvoll junge Rucolablätter
2 EL Pistazienkerne, grob gehackt

Für das Dressing
1 kleine Knoblauchzehe, zerdrückt
1 ½ TL Za'atar
¼ TL rote Chiliflocken
2 EL Zitronensaft, frisch gepresst
4 EL natives Olivenöl extra
1 TL Sumach (optional)
Meersalz nach Geschmack

Zum Servieren
Zitronenspalten

ZUBEREITUNG

1. Die Quinoa kochen: Die abgespülte Quinoa mit der doppelten Menge Wasser in einen mittelgroßen Topf geben und auf mittlerer bis hoher Stufe zum Kochen bringen. Den Herd auf kleine Stufe stellen und die Quinoa köcheln lassen, bis sie das Wasser vollständig absorbiert hat (etwa 15 Minuten oder entsprechend der Packungsanleitung). Den Topf vom Herd nehmen und zugedeckt stehen lassen (5 Minuten). Die Quinoa mit einer Gabel auflockern und in eine Servierschüssel zum Abkühlen geben.

2. In der Zwischenzeit in einer kleinen Schüssel die Dressing-Zutaten (Knoblauch, Za'atar, rote Chiliflocken, Zitronensaft, Olivenöl und Sumach) vermischen und mit Salz nach Geschmack würzen.

3. Das Dressing über die abgekühlte Quinoa geben und vermischen. Die restlichen Zutaten (Zwiebel, Kräuter, Tomate, Rucola, Pistazien) dazugeben und nochmal gut vermischen.

4. Mit Zitronenspalten servieren.

5. ENJOY!

TIPP

Za'atar ist eine Gewürzmischung aus dem Nahen und Mittleren Osten und besteht aus Sumach, Kräutern und Sesamsamen. Sie ist in türkischen Läden, Feinkostläden oder online erhältlich.

BELUGALINSENSALAT

mit orientalischem Dressing

Ein einfaches Rezept für Belugalinsensalat mit mediterranen Aromen und Einflüssen aus dem Nahen Osten. Und natürlich schmeckt das Ergebnis sehr fein! Der leckere Salat kann bequem unter der Woche als gesundes Mittagessen oder Abendessen gemacht und Reste können gut im Kühlschrank bis zum nächsten Tag aufbewahrt werden.

Vorbereitung 20 Minuten | **Kochzeit** 25 Minuten | **Gesamt** 45 Minuten | **Portionen** 4 | **Kalorien** 667 kcal

ZUTATEN

Für den Linsensalat

300 g schwarze Belugalinsen
60 g rohe Mandeln, grob gehackt und leicht geröstet
3 Lauchzwiebeln, klein geschnitten
1 Handvoll Kalamata-Oliven, entkernt und klein geschnitten (10 Oliven)
200 g Cherry-Tomaten oder Mini-Roma-Tomaten, halbiert
100 g Feta (oder Schafskäse), zerkrümelt
3–4 Handvoll Spinat, die Stängel entfernt und klein gehackt

Für das Dressing

120 ml natives Olivenöl extra (8 EL)
1 Knoblauchzehe, zerdrückt
1 TL gemahlener Kreuzkümmel (Cumin)
2 TL Sumach
2 TL Za'atar
½ TL Chiliflocken
3 EL Zitronensaft, frisch gepresst
Meersalz und frisch gemahlener schwarzer Pfeffer, nach Geschmack

ZUBEREITUNG

1. Die Linsen in einem großen Topf mit kochendem Salzwasser kochen, bis sie weich sind, aber noch Biss haben (etwa 20–25 Minuten). Das Wasser über einem Sieb abschütten und die Linsen unter kaltem Wasser abschrecken. Gut abtropfen lassen und die Linsen auf Servierschüsseln aufteilen und gut abkühlen lassen.

2. In der Zwischenzeit die Mandeln in einer trockenen Pfanne ohne Öl auf mittlerer Stufe rösten. Die Pfanne erhitzen und rütteln beziehungsweise häufig umrühren, bis die Mandeln goldbraun werden (4–5 Minuten). Zum Abkühlen auf einen Teller geben.

3. In einer kleinen Schüssel die Dressing-Zutaten (Olivenöl, Knoblauch, Gewürze, Zitronensaft) vermischen und mit Salz und Pfeffer nach Geschmack würzen.

4. Das Dressing über die Linsen verteilen. Die Zutaten (Lauchzwiebel, Oliven, Tomaten) dazugeben und gut vermischen. Die weiteren Zutaten (Feta, Mandeln, Spinat) hinzufügen und vermischen. Abschmecken und gegebenenfalls nachwürzen.

5. ENJOY!

TIPPS

Zatar (auch Za'atar genannt) und Sumach gibt es online, im türkischen Supermarkt oder beim Gewürzhändler zu kaufen.

Dieser Belugalinsensalat hält sich im Kühlschrank für 2–3 Tage. Ich habe für dieses Rezept Wurzelspinat verwendet. Wer jungen Spinat verwendet, sollte ihn erst kurz vor dem Servieren dazugeben, falls der Salat im Kühlschrank aufbewahrt wird.

ORZO-SALAT

mit geräucherter Forelle

Dieser Orzo-Salat ist schnell gemacht und superlecker! Er kann auch gut ergänzt werden mit Radieschen und blanchierten Prinzessbohnen oder grünem Spargel. Das Rezept reicht als Hauptgericht für 2 Portionen oder als Beilage für 4 Portionen.

Vorbereitung 15 Minuten | **Kochzeit** 10 Minuten | **Gesamt** 25 Minuten | **Portionen** 4 | **Kalorien** 360 kcal

ZUTATEN

Für den Salat

200 g Orzo-Reisnudeln
100 g geräucherte Forelle, in kleine Stücke geschnitten
4 Artischockenherzen, am besten frisch vom Feinkostladen, alternativ mariniert aus dem Glas, geviertelt und in kleine Stücke geschnitten, etwa 150 g
1 kleine Fenchelknolle, geviertelt, entkernt und in sehr dünne Scheiben geschnitten
2 Handvoll junge Rucolablätter

Für das Dressing

2 EL natives Olivenöl extra
1 TL Zitronenschale, fein gerieben von 1 Bio-Zitrone
4 EL Zitronensaft, frisch gepresst
2 Schalotten, klein geschnitten
1 EL Kapern in Lake, abgetropft
2 EL frische Minze, klein gehackt
Meersalz und frisch gemahlener schwarzer Pfeffer, nach Geschmack

ZUBEREITUNG

1. Die Orzo-Reisnudeln in einem mittelgroßen Topf mit gesalzenem Wasser kochen, bis sie al dente sind (siehe auch Packungsanleitung). Das Wasser über einem feinen Kochsieb abschütten und mit kaltem Wasser abspülen, bis die Nudeln abgekühlt sind. Das Wasser gut abschütteln und die Reisnudeln in eine große Salatschüssel geben.

2. In einer kleinen Schüssel die Dressing-Zutaten (Öl, Zitronenschale, Zitronensaft, Schalotten, Kapern, Minze, Salz, Pfeffer) vermischen.

3. Die gekochten Orzo-Reisnudeln, die geräucherte Forelle, die Artischockenherzen und den Fenchel in eine große Schüssel geben und mit dem Dressing gut vermischen. Die Rucolablätter dazugeben und nochmal vermischen.

4. Den Salat auf Teller verteilen und servieren.

5. ENJOY!

MEDITERRANER KARTOFFELSALAT

mit Senf & Kapern (ohne Mayonnaise)

Ein Rezept für einen gesunden und leichten Kartoffelsalat mit Senf-Dressing, frischen Kräutern, Lauchzwiebeln, Radieschen und Kapern. Ein einfacher veganer Kartoffelsalat ohne Mayonnaise zu Gegrilltem.

Vorbereitung 20 Minuten | **Kochzeit** 25 Minuten | **Gesamt** 45 Minuten | **Portionen** 4 | **Kalorien** 312 kcal

ZUTATEN

Für den Salat

800 g Frühkartoffeln, sauber geschrubbt (z. B. Sieglinde)
2 Lauchzwiebeln, klein gehackt
1 kleine rote Zwiebel, klein gehackt
5–6 Radieschen, in dünne Scheiben und danach in dünne Streifen (Julienne) geschnitten
1 kleines Bund frische Basilikumblätter, klein gehackt (4 EL)
1 kleines Bund frischer Dill, klein gehackt (4 EL)
1 EL Kapern in Lake, abgetropft

Für das Dressing

5 EL natives Olivenöl extra
Schale von 1 Bio-Zitrone, fein gerieben
2 EL Zitronensaft, frisch gepresst
1 Knoblauchzehe zerdrückt
1 EL körniger Dijon-Senf
1 EL Dijon-Senf
Meersalz und frisch gemahlener schwarzer Pfeffer, nach Geschmack

ZUBEREITUNG

1. Die Kartoffeln in einem großen Topf mit kaltem Salzwasser zum Kochen bringen und dann köcheln lassen, bis die Kartoffeln mit einem Gemüsemesser leicht durchstochen werden können (15–20 Minuten je nach Größe der Kartoffeln). Das Wasser abschütten und die Kartoffeln schälen, so lange sie noch heiß sind.

2. In der Zwischenzeit in einer kleinen Schüssel die Dressing-Zutaten (Öl, Zitronenschale, Zitronensaft, Knoblauch, beide Senfsorten, Salz, Pfeffer) gut vermischen und zur Seite stellen.

3. Die warmen Kartoffeln in Scheiben schneiden und in eine große Servierschüssel geben. Das Dressing darüber verteilen und vorsichtig vermischen. Zur Seite stellen, damit sich die Aromen verbinden können (5 Minuten).

4. Die Zutaten (Zwiebeln, Radieschen, Kräuter, Kapern) in die Schüssel mit den Kartoffeln geben und gut vermischen. Den Salat vor dem Servieren mindestens 10 Minuten stehen lassen, damit sich die Aromen verbinden.

5. ENJOY!

TIPPS

Für diesen Salat passen sowohl geschälte als auch ungeschälte Kartoffeln. Bei ungeschälten Kartoffeln bleiben wichtige Nährstoffe erhalten, die direkt unter der Schale sitzen. Ich nehme gerne die roten neuen Kartoffeln oder Frühkartoffeln der Sorten Annabelle (sehr früh), Goldmarie oder Sieglinde (früh).

Weitere mögliche Zutaten sind klein geschnittene oder fein gewürfelte Stangensellerie und gedämpfte grüne Bohnen.

BOHNEN-KARTOFFEL-SALAT

Ein Bohnen-Kartoffel-Salat ist ein klassischer Sommersalat. Er ist einfach zubereitet und kommt ohne Mayonnaise aus. Dieses Rezept mit grünen Bohnen und geräuchertem Speck kann auch als vegetarische oder vegane Version zubereitet werden.

Vorbereitung 15 Minuten | **Kochzeit** 20 Minuten | **Gesamt** 30 Minuten | **Portionen** 4 | **Kalorien** 348 kcal

ZUTATEN

Für den Salat

650 g neue Kartoffeln, sauber geschrubbt und der Länge nach halbiert (oder geviertelt bei großen Knollen)
1 Lorbeerblatt
100 g geräucherte Speckwürfel (am besten aus der Bio-Metzgerei)
250 g grüne Bohnen, die Enden abgeschnitten und halbiert
4 Radieschen, in dünne Streifen geschnitten
3 EL frischer Dill, klein gehackt
1 kleines Bund glatte Petersilie, klein gehackt
2 Lauchzwiebeln, klein gehackt (alternativ Schnittlauch)
2 EL Kapern in Lake, abgetropft

Für das Dressing

1 Knoblauchzehe, zerdrückt
1 EL körniger Dijon-Senf
1 EL Apfelessig (naturtrüb)
3 EL natives Olivenöl extra
Meersalz und frisch gemahlener schwarzer Pfeffer, nach Geschmack

ZUBEREITUNG

1. Einen großen Topf mit kaltem Salzwasser füllen und die Kartoffeln und das Lorbeerblatt hineingeben. Zum Kochen bringen und köcheln lassen, bis die Kartoffeln weich genug sind, dass ein Gemüsemesser leicht hineingestochen werden kann (etwa 10 Minuten).

2. In der Zwischenzeit das Dressing zubereiten: In einer großen Servierschüssel die Zutaten (Knoblauch, Senf, Essig, Öl, Salz, Pfeffer) vermischen.

3. Die Kartoffeln abgießen und in die Schüssel mit dem Dressing geben. Gut mit dem Dressing vermischen und zum Abkühlen zur Seite stellen.

4. In der Zwischenzeit den Speck in einer Pfanne auf mittlerer Stufe leicht knusprig braten.

5. Die Bohnen in einem Topf mit kochendem Wasser blanchieren, bis sie bissfest und knackig sind (etwa 2–3 Minuten je nach Geschmack). Das Wasser abschütten und die Bohnen sofort in kaltem Wasser abschrecken, um den Kochvorgang abzubrechen. Das kalte Wasser abschütten und die Bohnen gut abtropfen lassen, bevor sie in die Schüssel zu den Kartoffeln kommen.

6. Die restlichen Zutaten (gebratener Speck, Radieschen, Kräuter, Lauchzwiebel, Kapern) dazugeben und mit Salz und Pfeffer nach Geschmack würzen. Vorsichtig vermischen und gegebenenfalls nachwürzen.

7. ENJOY!

TIPPS

Für eine vegetarische Version einfach den Speck weglassen und durch zwei gekochte Eier ersetzen, die halbiert werden. Ich kann mir auch ein paar Streifen Parmesan im Salat als Geschmacksersatz vorstellen. Damit es auch wirklich vegetarisch ist, sollte der Parmesan ohne Kälberlab hergestellt sein, wie zum Beispiel italienischer Montello-Hartkäse.

Für Veganer: Natürlich wird auch hier der Speck weggelassen. Veganer können stattdessen Kalamata-Oliven oder grüne Oliven nehmen. Dann ist der Salat schon fast ein mediterranes Rezept. Eine andere einfache Alternative sind halbierte Cherry-Tomaten.

SCHWARZER-BOHNEN-SALAT

mit Avocado und Mango

Einfaches Rezept für einen Salat aus schwarzen Bohnen voller Farben und Aromen. Mit süßer Mango, Avocado, roter Zwiebel, Koriander und einem leckeren Limetten-Dressing. Mit zusätzlich Mais und Brot ergibt das Rezept ein vollwertiges und leichtes Mittagessen. Alternativ kann es als Beilage oder als Salsa mit Tortillas serviert werden.

Vorbereitung 15 Minuten | **Gesamt** 15 Minuten | **Portionen** 4 | **Kalorien** 289 kcal

ZUTATEN

Für den Bohnensalat

1 Dose schwarze Bohnen (400 g, Bio), abgetropft und abgespült
1 Mango, reif und trotzdem noch fest, geschält und in Würfel (2 cm) geschnitten
1 kleine rote Zwiebel, klein gehackt
1 reife Avocado, in Würfel geschnitten (etwa 2 cm)
1 kleines Bund Koriander, klein gehackt
1 Handvoll junge Rucolablätter (optional)

Für das Dressing

Saft von 2 Limetten, frisch gepresst
1 TL Honig (flüssig)
¼ TL Chilipulver
¼ TL geräucherte Paprika
Meersalz und frisch gemahlener schwarzer Pfeffer, nach Geschmack
3 EL natives Olivenöl extra

ZUBEREITUNG

1. Die Zutaten (schwarze Bohnen, Mango, Zwiebel, Avocado, Koriander, Rucola, wenn Rucola verwendet wird) in eine große Schüssel geben.

2. In einer kleinen Schüssel die Dressing-Zutaten (Limettensaft, Honig, Chili, Paprika, Salz, Pfeffer, Olivenöl) gut vermischen.

3. Das Dressing über den Salat in der großen Schüssel geben und vorsichtig vermischen.

4. ENJOY!

TIPP

Für einen veganen Salat kann der Honig durch Agavensirup oder Ahornsirup ersetzt werden.

QUINOASALAT

mit Tomaten, Gurke und Spinat

Ein einfacher Quinoasalat mit Tomaten, Gurke und Spinat. Das Dressing mit frischem Ingwer, Sojasauce, Zitrone und Honig sorgt für das exotische Flair.

Vorbereitung 15 Minuten | **Kochzeit** 20 Minuten | **Gesamt** 25 Minuten | **Portionen** 4 | **Kalorien** 423 kcal

ZUTATEN

Für den Salat

200 g Quinoa (z. B. »Tricolore«)
2–3 Minigurken (oder eine Salatgurke, entkernt), in Scheiben geschnitten
300 g Cherry-Tomaten, halbiert oder geviertelt
100 g Baby-Spinat
1 kleines Bund Koriander, grob gehackt

Für das Dressing

Zitronensaft, frisch gepresst aus 2 Zitronen
2 EL Honig (flüssig)
2 TL Sojasauce
4 EL natives Olivenöl extra
1 EL frischer Ingwer, gerieben

ZUBEREITUNG

1. Die ungekochte Quinoa in einem feinen Küchensieb abspülen und in einen mittelgroßen Topf mit Wasser geben und entsprechend der Packungsanleitung kochen (etwa 15 Minuten). Sobald die meiste Flüssigkeit absorbiert und die Quinoa leicht und locker ist, den Topf vom Herd nehmen und die Quinoa mit einer Gabel auflockern. Nach dem Kochen zur Seite stellen und 5 Minuten stehen lassen.

2. In einer kleinen Schüssel die Dressing-Zutaten (Zitronensaft, Honig, Sojasauce, Öl, Ingwer) vermischen.

3. Das Dressing auf die abgekühlte Quinoa geben und gut vermischen. Die Zutaten (Gurke, Tomaten, Spinat und Koriander) dazugeben und wieder vermischen. Fertig!

4. ENJOY!

TIPP

Dieser Salat kann auch ganz leicht vegan zubereitet werden. Dafür wird der Honig durch Ahornsirup oder Agavensirup ersetzt.

SELLERIESALAT

mit Apfel und Fenchel

Dieser einfache und erfrischende Selleriesalat ist ein perfekter Salat, der das ganze Jahr über gemacht werden kann. Frische Zutaten wie Sellerie und Äpfel harmonieren perfekt mit dem Umami-Geschmack des Parmesan und den knackigen Walnüssen.

Vorbereitung 15 Minuten | **Gesamt** 15 Minuten | **Portionen** 4 | **Kalorien** 274 kcal

ZUTATEN

Für das Dressing

- 1 Knoblauchzehe, zerdrückt
- ½ EL körniger Dijon-Senf
- 3 EL Zitronensaft, frisch gepresst
- 3 EL natives Olivenöl extra
- Meersalz und frisch gemahlener schwarzer Pfeffer, nach Geschmack

Für den Salat

- 3 Selleriestangen, in dünne Scheiben geschnitten
- 1 mittelgroße Fenchelknolle, geviertelt, entkernt und in dünne Scheiben geschnitten
- 1 grüner Apfel oder eine süßsaure Apfelsorte, geschält, geviertelt und in kleine Stücke geschnitten
- 1 kleines Bund glatte Petersilie, die Blätter klein gehackt
- 1 kleine rote Zwiebel, klein geschnitten
- 50 g Parmesan, frisch gerieben
- 1 EL feine Schnittlauchröllchen
- 50 g Walnusskerne, grob gehackt und leicht geröstet

ZUBEREITUNG

1. Die Dressing-Zutaten (Knoblauch, körniger Dijon-Senf, Zitronensaft, Olivenöl) in einer kleinen Schüssel vermischen und mit Salz und Pfeffer würzen.

2. In einer Servierschüssel die Zutaten (Sellerie, Fenchel, Apfel) mit der Hälfte des Dressings vermischen. Die Petersilie, die rote Zwiebel und drei Viertel des Parmesans dazugeben und vermischen. Das restliche Dressing darübergeben und den Schnittlauch, die Walnüsse und den restlichen Parmesan darüber verteilen. Nach Geschmack nachwürzen.

3. ENJOY!

TIPPS

Die Walnüsse in einer Pfanne oder im auf 190 °C vorgeheizten Ofen rösten. Die Walnüsse dafür in einer Auflaufform verteilen und im Ofen rösten, bis sie goldbraun sind (7–8 Minuten). Danach die Nüsse grob zerteilen.

Ich empfehle für dieses Rezept Äpfel der Sorte Wellant. Sie haben einen süßsäuerlichen Geschmack und sind knackig. Alternativ passen Braeburn, Elstar oder Granny Smith.

ZUCCHINISALAT

mit Kichererbsen, Zitrone, Parmesan & Kräutern

Ein einfacher und fast vegetarischer Zucchinisalat mit Kichererbsen, Zitrone, Parmesan und Kräutern. Ein Rezept für einen Sommersalat voller pflanzlicher Proteine, der schnell zubereitet ist. Genau das Richtige für ein sommerliches Grillfest (dafür die Zutaten einfach verdoppeln).

Vorbereitung 10 Minuten | **Kochzeit** 10 Minuten | **Gesamt** 20 Minuten | **Portionen** 2 | **Kalorien** 342 kcal

ZUTATEN

1 Dose Kichererbsen (400 g), abgetropft und abgespült
1 mittelgroße Zucchini, in Würfel geschnitten
2 Handvoll frischer Basilikum, klein gehackt (ergibt etwa 2 EL)
1 kleines Bund glatte Petersilie, klein gehackt
2 EL Zitronensaft, frisch gepresst
2 EL natives Olivenöl extra
1 kleine rote Zwiebel, klein gehackt
1 große Knoblauchzehe, zerdrückt
35 g Parmesan, frisch gerieben
2 EL Pinienkerne, leicht geröstet
1 Prise rote Chiliflocken
grobkörniges Meersalz und frisch gemahlener schwarzer Pfeffer, nach Geschmack

Zum Servieren
Pita-Brot oder ein knuspriges Baguette, getoastet

ZUBEREITUNG

1. In einer mittelgroßen Schüssel die Zutaten (Kichererbsen, Zucchini, Basilikum, Petersilie, Zitronensaft, Olivenöl, rote Zwiebel, Knoblauch) vermischen. Den geriebenen Parmesan und die Pinienkerne daruntermischen.

2. Den Zucchinisalat mit 1 Prise roter Chiliflocken, Meersalz und frisch gemahlenem schwarzem Pfeffer nach Geschmack würzen.

3. ENJOY!

TIPP
Da die Zucchini roh in den Salat kommt, empfehle ich, das Gemüse in Bio-Qualität oder frisch vom Markt zu kaufen.

SPITZKOHLSALAT

mit Apfel und Mango

Dieser leichte und erfrischende Spitzkohlsalat ist das Rezept eines amerikanischen Klassikers, dem »Coleslaw« – mit einem gewissen Extra. Der Salat ist eine gute Beilage für ein Sommergericht, das nicht groß gekocht werden muss. Er kann mit einer Proteinzutat zu einem Hauptgericht gemacht werden.

Vorbereitung 25 Minuten | **Gesamt** 25 Minuten | **Portionen** 4 | **Kalorien** 206 kcal

ZUTATEN

Für den Salat

1 kleiner Spitzkohl, die äußeren Blätter entfernt und mit einem Gemüsehobel in dünne Scheiben geschnitten (200 g geschnitten)
1 kleiner Kohlrabi, geschält, in feine Streifen (Julienne) geschnitten
1 Apfel (Granny Smith), geschält, entkernt, geviertelt und in dünne Scheiben geschnitten
1 Mango, reif und trotzdem noch fest, geschält und in Würfel geschnitten
4 Lauchzwiebeln, in dünne Scheiben geschnitten (inklusive der grünen Teile)

Für das Dressing

4 EL Crème fraîche
2 EL griechischer Joghurt
2 EL frisch gepresster Zitronensaft
1 EL natives Olivenöl extra
Meersalz, nach Geschmack

ZUBEREITUNG

1. Die Zutaten (Spitzkohl, Kohlrabi, Apfel, Mango, Lauchzwiebel) in eine große Salatschüssel geben.

2. In einer kleinen Schüssel die Dressing-Zutaten (Crème fraîche, Joghurt, Zitronensaft, Olivenöl, Salz) gut vermischen.

3. Das Dressing über den Salat geben und gut vermischen. Entweder sofort servieren oder auch 15–20 Minuten in den Kühlschrank stellen, damit sich die Aromen gut entwickeln können.

4. ENJOY!

TIPP

Dieser Salat kann auch 2–3 Tage in einem luftdicht verschlossenen Behälter im Kühlschrank aufbewahrt werden. Der Geschmack bleibt gut erhalten!

GRAUPENSALAT

mit Kräutern und Feta

Dieser Graupensalat mit Kräutern und Feta ist lecker und voller frischer Zutaten wie Dill, Petersilie, Minze und Granatapfelkerne. Alles zusammen wird vermischt mit einem schmackhaften Zitronen-Dressing. Und obendrauf kommen geröstete Mandeln und Krümel von griechischem Feta. Das nächste Grillfest kann also kommen.

Vorbereitung 20 Minuten | **Kochzeit** 30 Minuten | **Gesamt** 50 Minuten | **Portionen** 4 | **Kalorien** 422 kcal

ZUTATEN

Für den Salat

200 g Rollgerste (Graupen)
1 kleines Bund glatte Petersilie, klein gehackt
1 kleines Bund Dill, klein gehackt
1 Handvoll Minzblätter, klein gehackt (1 ½ EL)
100 g Feta, zerkrümelt
Kerne von ½ Granatapfel
25 g Mandelsplitter, leicht geröstet (3 EL)
1 TL Sumach (optional)

Für das Dressing

4 EL Zitronensaft, frisch gepresst
1 Knoblauchzehe, zerdrückt
1 TL Ahornsirup
4 EL natives Olivenöl extra
Meersalz und frisch gemahlener schwarzer Pfeffer, nach Geschmack

ZUBEREITUNG

1. Die Rollgerste in einem Topf mit Wasser (dreifache Menge Wasser im Verhältnis zur Gerste) kochen (etwa 30 Minuten oder entsprechend der Packungsanleitung). Den Topf vom Herd nehmen und 15 Minuten stehen lassen. Die Gerste mit einer Gabel auflockern und in eine Servierschüssel geben. Weiter abkühlen lassen.

2. In der Zwischenzeit die Dressing-Zutaten (Zitronensaft, Knoblauch, Ahornsirup, Olivenöl, Salz und Pfeffer) in einer kleinen Schüssel vermischen.

3. Die Kräuter (Petersilie, Dill und Minze) in die Schüssel mit der abgekühlten Gerste geben und das Dressing darüber verteilen. Gut vermischen und die restlichen Zutaten (Feta, Granatapfelkerne, Mandeln, Sumach) darüber verteilen und nochmal vermischen. Mit Salz und Pfeffer abschmecken und servieren.

4. ENJOY!

TIPPS

Ich nehme für dieses Rezept gleich viel Petersilie wie Minze. Die Bunde sollten also ähnlich groß sein.

Sumach gibt dem Salat eine leicht säuerliche Note. Das Gewürz ist in türkischen Läden, im Gewürzhandel oder online erhältlich.

BULGURSALAT

mit frischen Kräutern und Zitrone

Ein supereinfaches Rezept für einen Bulgursalat mit frischen Kräutern und Zitrone, der zu fast allen Gerichten passt. Vor allem zum Grillen ist er etwas Besonderes. Er ist gut haltbar und kann deswegen auch auf Reisen mitgenommen werden.

Vorbereitung 15 Minuten | **Kochzeit** 20 Minuten | **Gesamt** 35 Minuten | **Portionen** 4 | **Kalorien** 414 kcal

ZUTATEN

300 g Bulgur
5 Lauchzwiebeln, in dünne Scheiben geschnitten
225 g Cherry-Tomaten, geviertelt
65 g Pekannusskerne, geröstet und grob gehackt
1 kleines Bund frische Petersilie, klein geschnitten
1 kleines Bund frische Minze, klein geschnitten (siehe Tipps unten)
1 kleines Bund frischer Koriander, klein geschnitten
Zitronensaft, frisch gepresst aus 3 Bio-Zitronen
3 EL natives Olivenöl extra

ZUBEREITUNG

1. In einem mittelgroßen Topf den Bulgur in Wasser (1½–2-fache Menge Wasser im Verhältnis zum Bulgur, mit 1 Prise Salz) zum Kochen bringen. Bei geringer Hitze zugedeckt ausquellen lassen, bis er weich ist (10–12 Minuten oder laut Packungsanweisung). Zur Seite stellen, um ihn bei Raumtemperatur abkühlen zu lassen. Nach dem Abkühlen mit einer Gabel auflockern.

2. Sobald der Bulgur abgekühlt ist, die Zutaten (Lauchzwiebeln, Tomaten, geröstete Pekannüsse, Petersilie, Minze, Koriander) dazugeben und vermischen. Den Zitronensaft mit dem Olivenöl in einer kleinen Schüssel vermischen und über den Salat schütten. Alles gut vermischen und servieren.

3. ENJOY!

TIPPS

Bulgur kann auch eingeweicht werden. Dafür den Bulgur in eine Schüssel geben und kochend heißes Wasser darübergießen, bis das Wasser 1 cm hoch über dem Bulgur steht. Die Schüssel abdecken und so lange stehen lassen, bis das Wasser aufgesogen ist (etwa 30 Minuten).

Ich habe von jedem Kraut ungefähr die gleiche Menge genommen (jeweils etwa 5 EL). Wenn die Minze geschmacklich nicht zu dominant sein soll, reichen auch 2 EL.

NEKTARINENSALAT

mit Tomaten und Kichererbsen

Der Nektarinensalat mit Tomaten und Kichererbsen ist ein einfacher Sommersalat voller Nährstoffe, der frisch und nach Sommer schmeckt. Dieses Rezept braucht nur wenige frische sommerliche Zutaten. Ein Salat für heiße Temperaturen.

Vorbereitung 10 Minuten | **Kochzeit** 10 Minuten | **Gesamt** 20 Minuten | **Portionen** 4 | **Kalorien** 297 kcal

ZUTATEN

1 Dose Kichererbsen (400 g), abgetropft und abgespült
2 große Tomaten (alte Tomatensorte), in Stücke geschnitten (etwa 600 g)
2 Nektarinen, in Würfel geschnitten
1 kleine rote Zwiebel, klein geschnitten
2 EL natives Olivenöl extra
1 EL Rotweinessig
grobkörniges Meersalz, nach Geschmack
35 g rohe Mandeln, geröstet und grob gehackt
1 große Handvoll frisches Basilikum, in Stücke gezupft
2 EL frische Minze, klein gehackt

ZUBEREITUNG

1. Die Zutaten (Kichererbsen, Tomaten, Nektarinen, rote Zwiebel) in eine große Schüssel geben und Olivenöl und Essig darüber verteilen. Mit Salz würzen und vorsichtig vermischen. Die Mandeln, das Basilikum und die Minzblätter dazugeben und nochmal vorsichtig vermischen.

2. ENJOY!

TIPPS

Zum Rösten der Mandeln den Ofen auf 175 °C vorheizen und die Mandeln in einer Schicht auf dem Backblech verteilen. So lange im Ofen rösten, bis es nach Nuss riecht und die Mandeln etwas dunkler geworden sind (etwa 10–12 Minuten). Nach 5 Minuten die Mandeln einmal wenden. Aus dem Ofen nehmen und zum vollständigen Abkühlen auf einen Teller legen. Ich röste gerne die Mandeln vorab und bewahre sie in einem luftdichten Behälter auf (die Mandeln müssen dafür vollständig abgekühlt sein). So habe ich immer fertig geröstete Mandeln für Salate, Müsli oder Snacks zu Hause.

THAILÄNDISCHER WASSERMELONENSALAT

Ein leckerer und sommerlicher thailändischer Wassermelonensalat voller Aromen und erfrischenden Zutaten. Genau das richtige Rezept für heiße Sommertage!

Vorbereitung 15 Minuten | **Gesamt** 15 Minuten | **Portionen** 4 | **Kalorien** 181 kcal

ZUTATEN

Saft von 2 Limetten
2 TL Mascobado Vollrohrzucker (oder Kokosblütenzucker)
2 TL geröstetes Sesamöl
½ TL Sojasauce
1 Knoblauchzehe, klein gehackt
1 EL Ingwer, geschält und gerieben
1 frische rote Chilischote, entkernt und in dünne Scheiben geschnitten
¼ Wassermelone, entkernt und in Würfel geschnitten
3 Minigurken, in Scheiben geschnitten (oder ½ Salatgurke, geschält, entkernt und in dünne Scheiben geschnitten)
1 kleine rote Zwiebel, in dünne Scheiben geschnitten
1 Handvoll frischer Koriander
1 Handvoll frische Minze, klein gehackt
3 EL ungesalzene geröstete Erdnusskerne
Meersalz, nach Geschmack

ZUBEREITUNG

1. In einer großen Schüssel die Zutaten (Limettensaft, Zucker, Sesamöl, Sojasauce, Knoblauch, Ingwer, Chilischote) vermischen. Die weiteren Zutaten (Wassermelonenwürfel, Gurke, rote Zwiebel) dazugeben und untermischen.

2. Den Salat 10 Minuten stehen lassen, damit sich die Aromen verbinden.

3. Kurz vor dem Servieren den Koriander und die Minze darüberstreuen und mit Salz nach Geschmack nachwürzen. Die Erdnüsse darauf verteilen und servieren.

4. ENJOY!

GLASNUDELSALAT

mit Erdbeeren und Gurken

Ein erfrischender asiatischer Glasnudelsalat mit Erdbeeren, Gurke, Lauchzwiebeln und frischen Kräutern in einer leckeren Miso-Sesam-Vinaigrette. Ein Rezept als Hauptgericht für 2 Personen, das bestens für Vegetarier und Veganer geeignet ist.

Vorbereitung 10 Minuten | **Kochzeit** 5 Minuten | **Gesamt** 15 Minuten | **Portionen** 2 | **Kalorien** 625 kcal

ZUTATEN

Für das Dressing

4 EL ungewürzter Reisessig (japanisch)
2 EL Mascobado Vollrohrzucker (oder Kokosblütenzucker)
1 TL Meersalz
2 EL Shiro Misopaste (helle Würzpaste aus Sojabohnen)
1 frische rote Chilischote, entkernt, die Membran entfernt, klein gehackt
2 EL geröstetes Sesamöl
½ EL natives Olivenöl extra

Für den Salat

200 g Vermicelli-Glasnudeln (aus dem Asialaden)
2 Minigurken (oder ½ Salatgurke, entkernt) und in dünne Scheiben geschnitten
2 Lauchzwiebeln, in dünne Scheiben geschnitten
400 g Erdbeeren, halbiert (große Erdbeeren geviertelt)
1 Handvoll frische Minze, klein gehackt (1–1½ EL)
1 kleines Bund Koriander, grob gehackt
weiße und schwarze Sesamsamen, zum Garnieren

ZUBEREITUNG

1. In einer kleinen Schüssel die Dressing-Zutaten (Reisessig, Zucker, Salz, Misopaste, Chili, beide Öle) gut vermischen und zur Seite stellen.

2. Die Vermicelli-Glasnudeln in einer großen Schüssel mit kochendem Wasser übergießen und 3–5 Min. quellen lassen, oder laut Packungsanleitung. Das Wasser über einem Sieb abschütten und die Vermicelli-Glasnudeln mit kaltem Wasser abspülen. Gut abtropfen lassen.

3. Die Vermicelli-Glasnudeln in eine Schüssel geben und das Dressing darüber verteilen.

4. Die restlichen Zutaten (Gurke, Lauchzwiebel, Erdbeeren und Kräuter) dazugeben und vorsichtig vermischen. Den Salat auf zwei Tellern servieren und mit Sesam garnieren.

5. ENJOY!

GLASNUDELSALAT

mit Gemüse

Ein Rezept für einen einfachen Glasnudelsalat, der so ähnlich ist wie der traditionelle vietnamesische Bún-Salat. Mit viel frischem Gemüse und Kräutern in einem würzigen asiatischen Dressing. Rezept für 2 Personen als Hauptgericht.

Vorbereitung 15 Minuten | **Kochzeit** 5 Minuten | **Gesamt** 20 Minuten | **Portionen** 2 | **Kalorien** 550 kcal

ZUTATEN

Für den Glasnudelsalat

200 g Vermicelli-Glasnudeln (aus dem Asialaden)
1 rote Spitzpaprika (oder die Hälfte einer roten Paprika), in dünne Scheiben geschnitten
½ Salatgurke, entkernt und in dünne Scheiben geschnitten
1 mittelgroße Karotte, in dünne Scheiben geschnitten (mit einer Mandoline)
1 Orange, geschält und die Segmente herausgetrennt
3 Lauchzwiebeln, in dünne Scheiben geschnitten
1 kleine Handvoll Minzblätter, grob gehackt (etwa 1 EL)
1 kleines Bund Korianderblätter, die Blätter abgezupft
1 EL Sesamsamen

Für das Dressing

2 Knoblauchzehen, zerdrückt
1 EL frischer Ingwer, geschält und gerieben
3 EL ungewürzter Reisessig (japanisch)
4 EL Limettensaft, frisch gepresst aus 2 Limetten
4 EL Fischsauce (Thai Nam Pla)
2 EL Mascobado Vollrohrzucker (oder Kokosblütenzucker)
1 rote Chilischote, entkernt und in Scheiben geschnitten

ZUBEREITUNG

1. In einer kleinen Schüssel die Dressing-Zutaten (Knoblauch, Ingwer, Reisessig, Limettensaft, Fischsauce, Zucker, Chili) vermischen und zur Seite stellen.

2. Die Vermicelli-Glasnudeln mit kochendem Wasser in einer Schüssel übergießen und 3–5 Minuten quellen lassen (oder entsprechend der Packungsanleitung zubereiten). Das Wasser über einem Sieb abschütten und die Nudeln mit kaltem Wasser abspülen. Das Wasser gut abschütteln.

3. Die Vermicelli-Glasnudeln in eine große Schüssel geben und mit dem Dressing vermischen.

4. Die restlichen Zutaten (Paprika, Gurke, Karotte, Orange, Lauchzwiebel und Kräuter) dazugeben und vorsichtig vermischen.

5. Den Salat auf zwei Teller oder Schüsseln aufteilen und mit Sesamsamen garnieren.

6. ENJOY!

TIPPS

Für dieses Rezept kann jedes andere Gemüse nach Wahl verwendet werden. Denn der Glasnudelsalat funktioniert mit jedem Gemüse. Ich empfehle zum Beispiel Edamame ohne Schale (junge Sojabohnenkerne), Mungbohnensprossen oder geschredderten Salat.

washed
linen

GEGRILLTES STEAK

mit Salat und Balsamico-Glasur

Ein einfaches Rezept für gegrilltes Steak auf einem Salat mit einer leckeren Balsamico-Glasur. Mit einer gusseisernen Grillplatte oder einer Grillpfanne kann ein Steak auch indoor gegrillt werden. Das Rezept reicht für 2–3 Personen (je nach Hunger).

Vorbereitung 15 Minuten | **Kochzeit** 15 Minuten | **Gesamt** 30 Minuten | **Portionen** 2 | **Kalorien** 816 kcal

ZUTATEN

Für die Glasur

1 EL natives Olivenöl extra
60 ml Balsamicoessig (4 EL)
2 kleine Schalotten, klein gehackt
½ TL Mascobado Vollrohrzucker

Für das gegrillte Steak

2 Rinder-Hüftsteaks (etwa 350 g, mindestens 2 cm dick)
je ½ TL Salz und Pfeffer
Öl für Grill oder Grillpfanne

Für den Salat

125 g Cherry-Tomaten, halbiert
½ Avocado, in dünne Scheiben geschnitten
1 Handvoll kernlose Trauben, halbiert
50 g Gorgonzola oder Roquefort, zerkrümelt (oder mehr)
1 kleiner Kopf Romanasalat, grob gehackt (4 großzügige Handvoll)

Für das Salat-Dressing

½ EL körniger Dijon-Senf
½ EL Dijon-Senf
½ EL Balsamicoessig
2 EL natives Olivenöl extra
Meersalz und frisch gemahlener schwarzer Pfeffer, nach Geschmack

ZUBEREITUNG

DAS FLEISCH VORBEREITEN

Das Steak 30–60 Minuten bei Zimmertemperatur stehen lassen.

DIE BALSAMICO-GLASUR VORBEREITEN

1. Die Zutaten (Olivenöl, Essig, Schalotten und Zucker) in eine Pfanne geben, auf mittlerer bis hoher Stufe köcheln, bis eine Glasur entsteht (1–2 Minuten). Währenddessen gut umrühren.

DAS STEAK GRILLEN

2. Das Fleisch mit Salz und Pfeffer gut würzen, beides leicht ins Fleisch drücken. Das ist wichtig für den Geschmack und macht den Unterschied.

3. Eine gusseiserne Grillpfanne auf mittlerer bis hoher Stufe erhitzen, bis sie sehr heiß ist (5–7 Minuten). Sobald die Pfanne anfängt zu rauchen, ist sie heiß genug. Die große Hitze ist wichtig, damit auf dem Steak ein Grillmuster mit Röststreifen entsteht und das Fleisch nicht zu sehr durchgegrillt ist.

4. Die Grillpfanne mit hitzebeständigem Öl bestreichen. Das gewürzte Steak auf die Grillpfanne legen und 2 Minuten grillen (mindestens 1 Minute in Ruhe braten lassen). Das Fleisch umdrehen und nochmal 2–3 Minuten grillen. So wird das Steak medium durch.

5. Das fertige Steak auf ein Schneidebrett legen und 5 Minuten liegen lassen oder im Ofen bei 75 °C ruhen lassen.

-->

DEN SALAT ZUBEREITEN

6. Während das Steak ruht, die Dressing-Zutaten in einer kleinen Schüssel vermischen.

7. In einer großen Schüssel den Romanasalat mit dem Dressing vermischen, sodass das Dressing gleichmäßig verteilt ist. Die Tomaten, Trauben und Avocadoscheiben darauflegen.

9. Die Steaks in Streifen schneiden und auf den Salat legen. Die Balsamico-Glasur darüber verteilen. Zum Schluss den zerkrümelten Blauschimmelkäse darüberstreuen. Mit etwas Salz und Pfeffer nachwürzen.

10. ENJOY!

TIPPS

Als Blauschimmelkäse empfehle ich Gorgonzola. Wem dieser zu schwach im Geschmack ist, für den ist Roquefort die bessere Wahl. Es funktioniert auch jeder andere Blauschimmelkäse nach Wahl.

MEDITERRANER LINSENSALAT

Ein einfaches Rezept für einen mediterranen Linsensalat mit getrockneten Tomaten, Kapern, frischer Petersilie, Basilikum und Pinienkernen. Dieser Sommersalat ist eine gute Beilage, passt aber auch als Hauptgericht oder zu Gegrilltem gut.

Vorbereitung 10 Minuten | **Kochzeit** 25 Minuten | **Gesamt** 35 Minuten | **Portionen** 4 | **Kalorien** 306 kcal

ZUTATEN

150 g französische grüne Linsen (Le Puy)
2 kleine rote Zwiebeln, in dünne Scheiben geschnitten
1 kleines Bund glatte Petersilie, grob gehackt
2 große Handvoll Basilikumblätter, grob gehackt
10–12 in Öl eingelegte getrocknete Tomatenhälften, klein gehackt
2 EL Kapern in Lake, abgetropft
4 EL Pinienkerne oder Mandelsplitter, leicht geröstet
5 EL natives Olivenöl extra
4 EL Zitronensaft von 1 großen Zitrone, frisch gepresst
frischer Parmesan, gerieben (optional)
Meersalz und frisch gemahlener schwarzer Pfeffer, nach Geschmack

ZUBEREITUNG

1. Die Linsen in einem großen Topf mit viel Wasser zum Kochen bringen (das Verhältnis Linsen zu Wasser sollte 1 : 3 sein). Den Herd auf mittlere Stufe stellen und die Linsen köcheln lassen, bis sie al dente sind (etwa 25 Minuten, die Linsen sollen noch Biss haben). Das restliche Wasser über einem Sieb abschütten und die Linsen zum Abkühlen in eine Schüssel geben.

2.. Die Zutaten (rote Zwiebeln, Petersilie, Basilikum, Tomaten, Kapern, geröstete Pinienkerne oder Mandelsplitter) in die Schüssel mit den Linsen geben.

3. In einer kleinen Schüssel die Zutaten (Öl, Zitronensaft, Salz, Pfeffer) vermischen und das Dressing über die Linsen verteilen.

4. Alles gut vermischen und abschmecken. Gegebenenfalls etwas mehr Salz oder Zitronensaft dazugeben und mit geriebenem Parmesan servieren.

5. ENJOY!

TIPPS

Ich mag den Geschmack von rohen roten Zwiebeln. Trotzdem empfehle ich, die Zwiebeln zu den noch warmen Linsen zu geben. So sind die Zwiebeln nicht mehr so scharf und behalten trotzdem ihre knackige Konsistenz.

Zu diesem mediterranen Linsensalat können gerne noch mehr Kräuter und junger Spinat gegeben werden. Außerdem passen statt der Pinienkerne auch Mandelsplitter dazu. Ich empfehle auch, etwas zerkrümelten Feta darüber zu verteilen.

SUPEREINFACHER BROKKOLISALAT

Dieses Salatrezept ist eine gesunde Variante, um das leckere Gemüse einmal ganz anders zu genießen. Der Brokkoli wird leicht gedämpft und mit einem unglaublich schmackhaften Zitronen-Dijon-Dressing übergossen. Dazu gibt es rote Zwiebel, cremige weiße Bohnen, frisch geriebenen Parmesan und geröstete Mandeln. Aber der Star ist der Brokkoli!

Vorbereitung 10 Minuten | **Kochzeit** 5 Minuten | **Gesamt** 15 Minuten | **Portionen** 4 | **Kalorien** 330 kcal

ZUTATEN

Für den Salat

400–425 g Brokkoliröschen (von etwa 600 g Bund), die großen Röschen halbiert oder geviertelt
1 Dose weiße Riesenbohnen (400 g, alternativ Cannellini-Bohnen), abgetropft und abgespült
2 kleine rote Zwiebeln, klein gehackt
25 g Parmesan, frisch gerieben (oder mehr nach Geschmack)
1 Prise rote Chiliflocken
3 EL Mandelsplitter, leicht geröstet

Für das Dressing

6 EL natives Olivenöl extra
2 EL Zitronensaft, frisch gepresst
½ EL körniger Dijon-Senf
1 Knoblauchzehe, zerdrückt
¼ TL feines Meersalz

ZUBEREITUNG

1. Den Brokkoli in Wasserdampf garen (2 Minuten oder länger, wenn er weicher sein soll, ich mag ihn gerne knackig). Mit kaltem Wasser abschrecken, damit der Garprozess gestoppt wird. Gut abtrocknen.

2. In einer kleinen Schüssel die Dressing-Zutaten (Olivenöl, Zitronensaft, Senf, Knoblauch, Salz) gut vermischen.

3. Das Dressing über den Salat geben und umrühren, bis der Brokkoli gut damit bedeckt ist. Die weiteren Zutaten (Bohnen, rote Zwiebel, Parmesan, Chiliflocken) dazugeben und nochmal vermischen. Die Mandeln zum Schluss darüber verteilen und nochmal vermischen.

4. ENJOY!

TIPPS

Das Dressing kann schon früher über den Salat gegeben werden, damit es einziehen kann. Dann sollten die Mandeln erst kurz vor dem Servieren dazukommen.

Der Brokkoli sollte unbedingt frisch sein und Bio-Qualität haben.

Herbst

September, Oktober, November

Im Herbst sind warme Salate, die für Gemütlichkeit sorgen, angesagt. Die Stars der Saison sind frische Früchte wie Äpfel und Birnen. Aber auch herzhafter Kürbis und Süßkartoffeln machen die Herbstmonate zu einer der schönsten Salat-Jahreszeiten. Außerdem gibt es im Herbst immer noch grüne Bohnen im Überfluss. Und Karotten, Bete, Blumenkohl und andere Kohlsorten machen den Marktbesuch zu einem Erlebnis. Dort begrüßen uns aber auch schon die ersten Winterboten wie Rosenkohl, Schwarzkohl (toskanischer Kohl) und natürlich Grünkohl. Mit dem rohen Kohlgemüse lässt sich jeder Salat veredeln. Im Herbst sind auch Hülsenfrüchte und Getreide in vielen Salaten zu finden. Und eine herzhafte Pasta macht viele Herbstsalate zu einem reichhaltigen Mittag- oder Abendessen. Die Salate in diesem Kapitel können als Beilage oder leichtes Mittagessen serviert werden.

HERBSTLICHER NUDELSALAT

mit geröstetem Kürbis

Dieser Nudelsalat mit geröstetem Butternusskürbis, Birnen und einem Senf-Ahornsirup-Dressing macht den Herbst noch schöner. Der Salat bietet alles. Er ist süß, knackig, herzhaft und hat eine säuerliche Note. Ein wunderbar leichtes und veganes Abendessen oder Mittagessen im Herbst.

Vorbereitung 25 Minuten | Kochzeit 35 Minuten | Gesamt 60 Minuten | Portionen 4 | Kalorien 503 kcal

ZUTATEN

Für den Salat

1 kleiner Butternusskürbis (max. 1 kg), in Würfel geschnitten (2,5 cm)
1 große Birne (reif, aber noch fest), geschält, entkernt und in Würfel geschnitten
1 EL Olivenöl
Meersalz und frisch gemahlener schwarzer Pfeffer, nach Geschmack
350 g Pasta (z. B. Torchiette oder eine andere kleine Pastasorte)
50 g Kürbiskerne, leicht geröstet
1 kleine rote Zwiebel, klein gehackt
3 EL glatte Petersilienblätter, klein gehackt
3–4 Handvoll junge Rucolablätter

Für das Dressing

4 EL natives Olivenöl extra
2 EL Apfelessig (naturtrüb)
½ TL grobkörniger Senf
2 TL Ahornsirup
1 kleine Knoblauchzehe, zerdrückt
¼ TL Zimt
1 Prise Cayennepfeffer
1 TL grobkörniges Meersalz, oder mehr nach Geschmack
frisch gemahlener schwarzer Pfeffer, nach Geschmack

ZUBEREITUNG

1. Den Ofen auf 200 °C (180 °C Umluft) vorheizen und ein Backblech mit Backpapier auslegen.

2. Die Kürbiswürfel und die Birnenstücke auf das vorbereitete Backblech geben. Mit Olivenöl beträufeln, mit Salz würzen und gleichmäßig auf dem Blech verteilen. Im vorgeheizten Ofen rösten, bis die Stücke mit einer Gabel leicht eingestochen werden können (35 Minuten, nach der Hälfte der Zeit die Stücke wenden).

3. In der Zwischenzeit die Pasta in einem großen Topf mit Salzwasser al dente kochen (vergleiche auch die Packungsanleitung). Das Wasser über einem Sieb abschütten und die Pasta unter kaltem Wasser abschrecken (damit wird verhindert, dass sie weiterkochen und übrige Stärke wird abgespült). Restliches Wasser abschütteln und die Pasta in eine große Schüssel geben.

4. In einer mittelgroßen Schüssel die Dressing-Zutaten (Öl, Essig, Senf, Ahornsirup, Knoblauch, Gewürze, Salz, Pfeffer) vermischen.

5. Die Kürbiskerne in einer kleinen Pfanne auf mittlerer Stufe rösten (5–6 Minuten, ab und zu umrühren, damit nichts anbrennt).

6. Die rote Zwiebel und die Petersilie über die gekochte Pasta verteilen und umrühren. Die Zutaten (gerösteter Kürbis, geröstete Birne, Dressing, geröstete Kerne) dazugeben und gut vermischen.

7. ENJOY!

QUINOA

mit gebackenen Auberginen und Cherry-Tomaten

Tomaten und Auberginen passen wunderbar zusammen. Für dieses Rezept habe ich Cherry-Tomaten und trockene Tomaten genommen. Dazu kommen die tollen Aromen von Lauchzwiebel und Petersilie. Zusammen mit dem Zitronendressing wird der Salat zu einem Aromafeuerwerk, das sich gewaschen hat. Das Rezept ergibt ein veganes Hauptgericht für zwei Personen oder eine Beilage für vier Personen.

Vorbereitung 10 Minuten | Kochzeit 30 Minuten | Gesamt 40 Minuten | Portionen 4 | Kalorien 451 kcal

ZUTATEN

Für den Salat

2 mittelgroße Auberginen, in gleich große Würfel geschnitten
2–3 EL Olivenöl
200 g Quinoa
250 g Mini-Roma- oder Cherry-Tomaten, halbiert
60 g in Öl eingelegte getrocknete Tomaten (6–8 Hälften)
4 Lauchzwiebeln, in dünne Scheiben geschnitten
1 kleines Bund glatte Petersilienblätter, klein gehackt
35 g Pinienkerne, leicht geröstet

Für das Dressing

2 EL natives Olivenöl extra
Saft von 1 Zitrone, frisch gepresst
1 Knoblauchzehe, zerdrückt
½ TL Meersalz
frisch gemahlener schwarzer Pfeffer, nach Geschmack

ZUBEREITUNG

1. Den Ofen auf 200 °C (180 °C Umluft) vorheizen und ein Backblech mit Backpapier auslegen.

2. Die Auberginenwürfel auf das vorbereitete Backblech legen und Olivenöl darüber verteilen. Mit den Händen im Öl wenden, damit die Würfel komplett mit Öl bedeckt sind (wenn nötig, noch etwas mehr Öl nehmen). Mit Salz und Pfeffer würzen und im Ofen backen, bis die Würfel weich sind und leicht bräunlich werden (etwa 20–30 Minuten). Nach der Hälfte der Zeit alle Würfel einmal wenden.

3. In der Zwischenzeit die ungekochte Quinoa in einem feinmaschigen Küchensieb abspülen und in einem mittelgroßen Topf mit Wasser entsprechend der Packungsanleitung kochen (etwa 15 Minuten). Sobald das meiste Wasser von der Quinoa aufgenommen wurde und die Körner leicht und locker sind, den Topf vom Herd nehmen und mit einer Gabel auflockern. Danach 5 Minuten stehen lassen und die Quinoa in eine große Servierschüssel geben.

4. In einer kleinen Schüssel die Dressing-Zutaten (Öl, Zitronensaft, Knoblauch, Salz, Pfeffer) vermischen.

5. Die Auberginen in die Schüssel mit der Quinoa geben. Die Zutaten (Cherry-Tomaten, trockene Tomatenhälften, Lauchzwiebel, Petersilie) dazugeben. Das Dressing darüber verteilen und gut vermischen. Nach Geschmack mit mehr Salz, Pfeffer und einem Spritzer Zitronensaft nachwürzen. Die Pinienkerne darüber verteilen und servieren.

6. ENJOY!

GRÜNKERNSALAT

mit Apfel & Parmesan

Aromatischer Grünkernsalat mit Apfel, Rucola, Schalotten und frischen Kräutern. Mit Parmesan und einer Apfelessig-Honig-Dijon-Vinaigrette. Dieser Salat ist gesund und superlecker! Die Geschmacksbandbreite umfasst süß, herb, Nuss und Umami. Der Grünkernsalat kann als Beilage oder als leichte Hauptspeise serviert werden.

Vorbereitung 10 Minuten | **Kochzeit** 30 Minuten | **Gesamt** 40 Minuten | **Portionen** 4 | **Kalorien** 302 kcal

ZUTATEN

Für den Salat

200 g Grünkern
2 mittelgroße Schalotten, in dünne Scheiben geschnitten (75 g)
2 EL Olivenöl
2 große Handvoll junge Rucolablätter
1 süßsaurer Apfel, entkernt und in Würfel geschnitten (z. B. Braeburn)
45 g Parmesan, frisch gerieben
1 große Handvoll frisches Basilikum, klein gehackt (3 EL)
1 große Handvoll glatte Petersilie, klein gehackt (3 EL)
25 g Mandelsplitter, leicht geröstet (optional)

Für das Dressing

2 ½ EL natives Olivenöl extra, plus abgekühltes Öl aus der Pfanne der sautierten Schalotten
3 EL Apfelessig (naturtrüb)
1 EL körniger Dijon-Senf
2 TL Honig (ich empfehle Akazienhonig)
Meersalz und frisch gemahlener schwarzer Pfeffer, nach Geschmack

ZUBEREITUNG

1. Den Grünkern in der doppelten Menge an Wasser kochen (30 Minuten oder entsprechend der Packungsanleitung). Nach dem Kochen das übrige Wasser abschütten und den fertig gekochten Grünkern in eine große Schüssel zum Abkühlen geben.

2. In der Zwischenzeit die Schalotten in einer kleinen Pfanne auf mittlerer Stufe in 2 EL Öl sautieren. Wenn das Öl anfängt zu blubbern, den Herd auf mittlere bis kleine Stufe stellen und unter leichtem Umrühren fertig sautieren, bis die Schalotten goldbraun und leicht knusprig sind (15–20 Minuten). Die Schalotten mit einem Pfannenwender aus dem Öl nehmen und auf einen Teller mit einem Küchenpapier legen. Mit 1 Prise Salz würzen. Die Pfanne mit dem restlichen Öl zum Abkühlen zur Seite stellen.

3. In einer kleinen Schüssel die Dressing-Zutaten (Öl, Essig, Senf, Honig, Salz, Pfeffer) und das abgekühlte Öl der Schalotten aus der Pfanne vermischen.

4. Die Zutaten (Schalotten, Rucola, Apfel, Parmesan, Basilikum, Petersilie) in die Schüssel mit dem Grünkern geben und das Dressing darüber verteilen und vermischen. Die Mandeln darübergeben und nochmal vermischen.

5. ENJOY!

GERÖSTETER HARISSA-BLUMENKOHL

mit Kichererbsen & Hirse

Das Rezept ist ein vegetarischer Leckerbissen. Das Salatrezept begeistert mit würzigem Harissa und bietet so leckere Zutaten wie Hirse (alternativ Couscous), Kichererbsen, frische Kräuter, Mandeln und Granatapfelkerne. Ein einfacher Salat, der zeigt, wie gut vegetarische Ernährung schmecken kann. Er kann als leichtes Mittagessen oder als Beilage serviert werden.

Vorbereitung 10 Minuten | Kochzeit 30 Minuten | Gesamt 40 Minuten | Portionen 4 | Kalorien 299 kcal

ZUTATEN

100 g Hirse, feines Korn, mit heißem Wasser abgespült (oder Couscous)
1 TL gemahlener Kreuzkümmel

1 großer Blumenkohl, in Röschen geschnitten
3 EL Olivenöl
1½ EL Harissa-Gewürzmischung
1 Dose Kichererbsen (400 g), abgetropft und abgespült
1 Knoblauchzehe, zerdrückt
Saft von 1 Zitrone, frisch gepresst
1 kleines Bund glatte Petersilie, klein gehackt
1 kleines Bund Koriander, klein gehackt
1 kleine rote Zwiebel, klein gehackt
Kerne von ½ Granatapfel
Meersalz, nach Geschmack
30 g gestiftelte Mandeln, leicht geröstet
Meersalz und frisch gemahlener schwarzer Pfeffer, nach Geschmack

Optional
75 g Feta, gekrümelt

ZUBEREITUNG

1. Den Ofen auf 220 °C (200 °C Umluft) vorheizen und ein Backblech mit Backpapier auslegen.

2. Die Hirse mit dem gemahlenen Kreuzkümmel vermischen und laut Packungsanleitung vorbereiten (etwa 20 Minuten). Wenn sie fertig gekocht ist, mit einer Gabel auflockern und zum Abkühlen in eine Servierschüssel geben.

3. In der Zwischenzeit die Blumenkohlröschen, das Olivenöl und das Harissa in eine große Schüssel geben und gut vermischen. Den Mix auf das vorbereitete Backblech geben und in einer Schicht gleichmäßig verteilen, ohne dass der Blumenkohl zu eng beieinanderliegt.

4. Das Backblech in den vorgeheizten Ofen schieben und rösten, bis alles zart und der Blumenkohl an den Rändern leicht braun ist (20 Minuten). Danach zum Abkühlen zur Seite stellen (5 Minuten).

5. Die Zutaten (Kichererbsen, Knoblauch, Zitronensaft) in die Schüssel mit der Hirse geben und vermischen. Die weiteren Zutaten (Kräuter, rote Zwiebel, Granatapfelkerne und Mandeln) dazugeben. Mit Salz würzen und nochmal vermischen.

6. Abschmecken und nach Geschmack mit Salz und/oder Zitronensaft nachwürzen. Etwas Feta als Topping darüber zerkrümeln (optional).

7. ENJOY!

TIPP

Statt der Gewürzmischung kann Harissa-Paste verwendet werden. In dem Fall wird weniger Öl zum Rösten des Blumenkohls benötigt.

GERÖSTETER BLUMENKOHL

mit Hirse und Rucola

Wenn Blumenkohl im Ofen geröstet wird, entsteht ein fantastisches Aroma, das nach Nuss schmeckt. Da dies nur auf diese Weise möglich ist, schmeckt dieser Salat ganz besonders. Als weitere Zutat habe ich Hirse in diesem glutenfreien Rezept verwendet. Es kann auch mit Couscous zubereitet werden. Mittlerweile gibt es auch Couscous, das aus Kichererbsen gemacht und ebenfalls glutenfrei ist. Das Rezept kann als Hauptgericht für zwei Personen oder als Beilage für vier Personen serviert werden.

Vorbereitung **10 Minuten** | Kochzeit **25 Minuten** | Gesamt **35 Minuten** | Portionen **4** | Kalorien **336 kcal**

ZUTATEN

- 4 EL Olivenöl
- 1 EL gemahlener Kreuzkümmel (Cumin)
- 1 großer Kopf Blumenkohl, den Strunk abgeschnitten und in Röschen zerteilt
- Meersalz und frisch gemahlener schwarzer Pfeffer, nach Geschmack
- 100 g Hirse, mit heißem Wasser abgespült
- Saft von 1 großen Zitrone, frisch gepresst (4 EL)
- 1 Prise rote Chiliflocken, oder mehr nach Geschmack
- 3 EL glatte Petersilienblätter, klein geschnitten
- 2 große Handvoll junger Rucola
- 25 g Pinienkerne, leicht geröstet (alternativ gehen auch Mandeln)

ZUBEREITUNG

1. Den Ofen auf 220 °C (200 °C Umluft) vorheizen und ein Backblech mit Backpapier auslegen.

2. Das Olivenöl und den Kreuzkümmel in einer großen Schüssel vermischen. Die Blumenkohlröschen dazugeben und gut vermengen. Den Blumenkohl auf das vorbereitete Backblech verteilen (mit der flachen Seite nach unten). Mit Salz und Pfeffer nach Geschmack würzen und das Blech in den Ofen schieben, damit der Blumenkohl geröstet wird, bis er weich und leicht bräunlich ist (20–25 Minuten, je nach Größe der Röschen). Nach der Hälfte der Zeit den Blumenkohl einmal wenden, damit alles gleichmäßig geröstet wird.

3. In der Zwischenzeit die Hirse entsprechend der Packungsanleitung in Wasser kochen (etwa 20 Minuten). Nach dem Kochen die Hirse mit einer Gabel auflockern und in eine große Servierschüssel zum Abkühlen geben.

4. Den Blumenkohl in die Schüssel mit der Hirse geben und den Zitronensaft und die Chiliflocken darüber verteilen. Gut vermischen, die restlichen Zutaten dazugeben und nochmal vermischen.

5. Warm oder auf Zimmertemperatur servieren.

6. ENJOY!

GERSTENSALAT

mit gebackenen Karotten

Das Rezept ist gesund, herzhaft und wirklich einfach. Denn der Gerstensalat mit gewürzten Karotten wird im Ofen gebacken. Dazu gibt es noch frische Petersilie. Und wer will, kann noch Feta dazugeben. Der leckere Salat lässt sich gut im Kühlschrank aufbewahren und kann später serviert werden.

Vorbereitung 20 Minuten | Kochzeit 30 Minuten | Gesamt 45 Minuten | Portionen 4 | Kalorien 407 kcal

ZUTATEN

Für den Salat

200 g Rollgerste (Graupen)
7–8 mittelgroße Karotten, geschält und der Länge nach in diagonale Scheiben geschnitten (500 g)
2 TL Kreuzkümmel (ganz)
2 TL Koriander (ganz), im Mörser zerkleinert
1 TL Paprika (süß)
½ TL gemahlene Kurkuma
1½ EL Olivenöl
Salz
frisch gemahlener schwarzer Pfeffer
2 EL leicht geröstete Mandeln, entweder Splitter oder ganz klein gehackt
1 große Handvoll glatte Petersilienblätter, grob gehackt
Kerne von ½ Granatapfel
Feta, zerkrümelt zum Servieren (optional)

Für das Dressing

60 ml Zitronensaft, frisch gepresst
1 EL Bio-Apfelessig (naturtrüb)
2 TL Honig (ich empfehle Akazienhonig)
3 EL natives Olivenöl extra

ZUBEREITUNG

1. Die Gerste in Wasser (3-fache Menge Wasser im Verhältnis zur Gerste) kochen (30 Minuten oder entsprechend der Packungsanleitung). Vom Herd nehmen und 15 Minuten stehen lassen. Wenn noch Wasser im Topf ist, die Gerste über einem Sieb abschütten. Zum Abkühlen zur Seite stellen.

2. Den Ofen auf 200 °C (180 °C Umluft) vorheizen und ein Backblech mit Backpapier auslegen.

3. Die Karotten in einer Schüssel mit den Gewürzen (Kreuzkümmel, Koriander, Paprika, Kurkuma) und dem Olivenöl vermischen. Mit Salz und frisch gemahlenem schwarzen Pfeffer würzen und nochmal mischen.

4. Die Karotten auf dem Backblech gleichmäßig in einer Schicht verteilen und im Ofen backen, bis sie golden und weich sind (etwa 25 Minuten, nach 12 Minuten die Karotten wenden). Aus dem Ofen nehmen und abkühlen lassen.

5. Die leicht gekühlte Gerste in eine Servierschüssel geben. Die Dressing-Zutaten in einer kleinen Schüssel vermischen und über die abgekühlte Gerste verteilen (es macht nichts aus, dass es zu viel Dressing erscheint, denn es wird von der Gerste absorbiert). Die Zutaten (gebackene Karotten, Mandeln, Petersilie) hinzufügen und unbedingt auch die Gewürze und Kräuter vom Backblech darüber verteilen. Gut vermischen und die Granatapfelkerne dazugeben. Nochmal vermischen und nach Geschmack mit Salz und Pfeffer nachwürzen. Zum Servieren den krümeligen Feta darüber verteilen.

6. Warm, auf Zimmertemperatur oder sogar kalt servieren. Ich empfehle auf jeden Fall den Feta dazu, denn der passt super zu den restlichen Aromen und hebt den Salat geschmacklich auf ein höheres Niveau.

7. ENJOY!

TIPPS

Reste können gut im Kühlschrank bis zum nächsten Tag aufbewahrt werden. Zum erneuten Servieren kann der Salat nochmal mit einem Spritzer Zitronensaft zum Leben erweckt werden.

Falls keine Koriandersamen vorrätig sind, kann 1 TL gemahlener Koriander verwendet werden.

Dieses Rezept lässt sich auch vegan zubereiten. Dafür wird der Honig durch Ahornsirup ersetzt, und der Feta fällt weg.

QUINOASALAT

mit Roter Bete und Feta

Den Quinoasalat mit Rote Bete und Feta kann ich auch mit nur zwei Worten beschreiben – super-lecker! Das geht schon los mit der Quinoa. Und weiter geht es mit gerösteter Roter Bete. Der Salat ist eine leckere Beilage, die auch am nächsten Tag noch gut schmeckt. Er ist glutenfrei und kann ohne den Feta auch vegan zubereitet werden.

Vorbereitung **15 Minuten** | Kochzeit **35 Minuten** | Gesamt **50 Minuten** | Portionen **4** | Kalorien **350 kcal**

ZUTATEN

Für den Salat

200 g Quinoa
2–3 kleine bis mittelgroße Rote Beten, geschält, halbiert und dann geviertelt (etwa 500–600 g)
1 EL Olivenöl
Meersalz und frisch gemahlener schwarzer Pfeffer, nach Geschmack
25 g getrocknete Bio-Cranberrys, grob gehackt
1 kleines Bund glatte Petersilie, klein gehackt
2 EL Pinienkerne, in einer trockenen Pfanne leicht geröstet
50 g oder mehr Feta, zum Garnieren

Für das Dressing

1 TL Dijon-Senf
2 EL weißer Balsamicoessig
2 EL natives Olivenöl extra
1 TL Ahornsirup
1 Knoblauchzehe, zerdrückt
½ TL Meersalz

ZUBEREITUNG

1. Den Ofen auf 190 °C (170 °C Umluft) vorheizen und ein Backblech mit Backpapier auslegen.

2. Die ungekochte Quinoa in einem feinen Küchensieb abspülen, in einen mittelgroßen Topf mit Wasser geben und entsprechend der Packungsanleitung kochen. Sobald die meiste Flüssigkeit absorbiert ist und die Quinoa leicht und luftig geworden ist (nach etwa 15 Minuten), den Topf vom Herd nehmen und die Quinoa mit einer Gabel auflockern. Den Topf zugedeckt für 5 Minuten stehen lassen und danach die Quinoa in eine große Salatschüssel zum Abkühlen geben.

3. In der Zwischenzeit die Rote Bete mit Olivenöl beträufeln und mit Salz und Pfeffer würzen. Die Bete gleichmäßig auf dem Backblech verteilen (Da ich zwei Sorten Beten genommen habe, habe ich sie in zwei verschiedenen Schüsseln mit Öl beträufelt, sodass die Rote Bete nicht auf die Gelbe Bete abfärbt).

4. Nun die Bete in den vorgeheizten Ofen geben und rösten, bis sie weich ist (etwa 35 Minuten, das kann je nach Größe der Stücke variieren). Nach der Hälfte der Zeit die Stücke wenden. Nach dem Rösten aus dem Ofen nehmen und zur Seite stellen.

5. In einer kleinen Schüssel die Dressing-Zutaten (Senf, Essig, Öl, Ahornsirup, Knoblauch, Salz) gut vermischen.

6. Die Cranberrys und die Petersilie in die Schüssel mit der Quinoa geben und das Dressing darüber verteilen. Alles gut vermischen und die gerösteten Beten dazugeben. Nochmal vorsichtig vermischen und die Pinienkerne und den Feta darüber verteilen.

7. ENJOY!

TIPPS

Ich serviere diesen Salat auf Raumtemperatur oder sogar noch leicht warm. Wenn noch Salat übrig ist, kann er auch noch am nächsten oder sogar am übernächsten Tag serviert werden.

Beim Kauf der Beten empfehle ich, Knollen mit Blattgrün zu nehmen und dies dann im Smoothie am nächsten Morgen zu verwenden. Die Blätter können auch wie Spinat gekocht werden.

BELUGALINSENSALAT

mit grünen Bohnen und Zitronen-Minz-Dressing

Dieses Rezept ist ein köstliches Linsengericht. Manchmal sind es ganz einfache Gerichte mit wenig Zutaten, die ganz besonders lecker sind. Das Rezept kann ohne den Parmaschinken auch für Vegetarier beziehungsweise Veganer zubereitet werden.

Vorbereitung 10 Minuten | **Kochzeit** 30 Minuten | **Gesamt** 40 Minuten | **Portionen** 4 | **Kalorien** 445 kcal

ZUTATEN

Für den Salat

250 g schwarze Belugalinsen
200 g grüne Bohnen, die Enden abgeschnitten und schräg halbiert
100 g Parmaschinken, dünn geschnitten, dann klein geschnitten (am besten vom Fleischer)
1 rote Zwiebel, halbiert und in Streifen geschnitten
1 kleines Bund Koriander, grob gehackt
½ Kopf Kopfsalat (oder Mesclun-Salatmischung)

Für das Dressing

geriebene Schale von ½ Bio-Zitrone
Saft von 1 ½ Zitronen (groß)
4 EL frische Minze, klein gehackt
6 EL natives Olivenöl extra
Meersalz und frisch gemahlener Pfeffer, nach Geschmack

TIPPS

Statt Buschbohnen passen auch Prinzessbohnen. Dafür muss die Zeit für das Blanchieren angepasst werden, denn dünne französische Bohnen müssen nicht so lange gekocht werden.

ZUBEREITUNG

1. Die Linsen in einem großen Topf mit ausreichend Wasser zum Kochen bringen, bis sie bissfest und zart zugleich sind (25–30 Minuten oder nach Packungsanleitung). Nach dem Kochen das Wasser über einem Sieb abschütten und die Linsen in einer Schüssel bei Zimmertemperatur abkühlen lassen.

2. In der Zwischenzeit einen großen Topf mit Salzwasser zum Kochen bringen. Die grünen Bohnen hineingeben oder blanchieren und köcheln lassen, bis sie knusprig zart sind (etwa 5 Minuten oder nach Geschmack länger). Nach dem Kochen das Wasser über einem Sieb abschütten und die Bohnen mit kaltem Wasser abschrecken. Gut abtropfen lassen und zur Seite stellen.

3. Den klein geschnittenen Parmaschinken in eine beschichtete Pfanne geben und auf mittlerer Stufe anbraten, bis die Ränder knusprig sind (etwa 5–7 Minuten). Vom Herd nehmen und zur Seite stellen.

4. In einer kleinen Schüssel die Dressing-Zutaten (Zitronenschale, Zitronensaft, Minze, Öl, Salz, Pfeffer) vermischen.

5. Die Zutaten (rote Zwiebel, grüne Bohnen, Koriander, Schinken) zu den Linsen geben und mit dem Dressing gut vermischen.

6. Mit Salz und Pfeffer abschmecken und auf einem Bett von Salatblättern servieren.

7. ENJOY!

SÜSSKARTOFFELN

mit gerösteten Kichererbsen

Ich bin überzeugt, dass der Salat aus Süßkartoffeln mit gerösteten Kichererbsen für Begeisterung sorgen wird. Durch das Chili-Koriander-Kreuzkümmel-Dressing mit frischer Petersilie und roten Zwiebeln kommt der »Wasser-im-Mund«-Faktor voll zur Geltung. Das Rezept reicht als Hauptgericht für zwei Personen. Dazu empfehle ich, ein knuspriges Brot und einen einfachen grünen Salat zu servieren.

Vorbereitung 10 Minuten | Kochzeit 30 Minuten | Gesamt 40 Minuten | Portionen 2 | Kalorien 476 kcal

ZUTATEN

Für das Rösten der Kichererbsen und Süßkartoffeln

1 Dose Kichererbsen (400 g), abgetropft und abgespült
2 EL Olivenöl
1 TL Kreuzkümmel (Cumin)
Meersalz und frisch gemahlener schwarzer Pfeffer, nach Geschmack
1 große Bio-Süßkartoffel, geschält und in Würfel geschnitten (etwa 400 g)
¼ TL Cayennepfeffer, wer es weniger scharf möchte, kann auch nur ⅛ TL nehmen
½ TL Paprika (süß)
1 EL Sesamsamen

Für das Anrichten des Salates

1 TL Kreuzkümmel (Cumin)
1 TL gemahlener Koriander
1 TL Chilipulver (mild)
2–3 große Knoblauchzehen, zerdrückt
1 Bio-Zitrone, die Schale fein gerieben
Saft von ½ Zitrone, frisch gepresst (oder mehr nach Geschmack)
1 kleine rote Zwiebel, halbiert und in dünne Scheiben geschnitten
1 kleines Bund glatte Petersilie, klein gehackt
1 EL Schwarzkümmelsamen (Nigella), optional
1 Spritzer Olivenöl extra, optional

ZUBEREITUNG

1. Den Ofen auf 200 °C (180 °C Umluft) vorheizen und ein Backblech mit Backpapier auslegen.

2. Die Kichererbsen in eine kleine Schüssel geben und mit 1 EL Olivenöl und 1 TL Kreuzkümmel vermischen. Mit Salz und Pfeffer würzen und auf einer Hälfte des Backblechs verteilen.

3. In einer zweiten Schüssel die Süßkartoffelwürfel mit 1 EL Olivenöl, Cayennepfeffer, Paprika, Sesamsamen und 1 Prise Salz vermischen. Alles in einer gleichmäßigen Schicht auf der zweiten Hälfte des Backblechs verteilen.

4. Die Kichererbsen und die Süßkartoffeln in den Ofen schieben. Nach 15 Minuten das Blech gut rütteln und die Stücke wenden, damit sie gleichmäßig geröstet werden. Weiter rösten, bis die Süßkartoffeln weich und leicht bräunlich sind (etwa 10–15 Minuten).

5. In einer Servierschüssel die Zutaten (Kreuzkümmel, Koriander, Chilipulver, Knoblauch, Zitronenschale, Zitronensaft) gut vermischen. Die gerösteten Kichererbsen und Süßkartoffeln dazugeben. Die rote Zwiebel und die Petersilie hineingeben und alles gut vermischen.

6. Wer möchte, kann jetzt den Schwarzkümmel und etwas mehr Olivenöl darüber verteilen.

7. Warm oder auf Zimmertemperatur servieren.

8. ENJOY!

TIPPS

Ich empfehle, auch die Schwarzkümmelsamen zu rösten, damit das Öl herauskommt und sein Aroma entfaltet. Zum Rösten empfehle ich eine trockene Pfanne, in der die Samen auf mittlerer bis kleiner Stufe 2–4 Minuten geröstet werden. Nach dem Rösten die Samen über den Salat verteilen.

QUINOASALAT

mit Pesto, Birne und Walnuss

Ein Rezept für einen leichten, geschmackvollen Quinoasalat mit Pesto und gerösteten Walnüssen. Für etwas Süße und Frische sorgt die Birne. Der Salat ist ein perfektes fleischloses Essen voller pflanzlicher Proteine.

Vorbereitung **15 Minuten** | Kochzeit **20 Minuten** | Gesamt **35 Minuten** | Portionen **4** | Kalorien **278 kcal**

ZUTATEN

200 g Quinoa
2 große Handvoll junger Rucola, plus mehr zum Garnieren
2 EL natives Olivenöl extra
3 EL Zitronensaft, frisch gepresst
1 große Knoblauchzehe, zerdrückt
1 EL Parmesan, frisch gerieben
Meersalz und frisch gemahlener schwarzer Pfeffer, nach Geschmack
1 feste, aber reife Birne, in kleine Stücke geschnitten (z. B. italienische Abate Fetel)
30 g Walnusskerne, gehackt und leicht geröstet
extra Parmesan, frisch gerieben zum Garnieren

ZUBEREITUNG

1. Die ungekochte Quinoa in einem feinen Küchensieb abspülen und in einen mittelgroßen Topf mit Wasser geben und entsprechend der Packungsanleitung kochen. Sobald die meiste Flüssigkeit absorbiert ist und die Quinoa leicht und luftig geworden ist (nach etwa 15 Minuten), den Topf vom Herd nehmen und die Quionoa mit einer Gabel auflockern. Den Topf zugedeckt für 5 Minuten stehen lassen. Die Quinoa in eine große Salatschüssel zum Abkühlen geben.

2. In einer Küchenmaschine die Zutaten (Rucola, Olivenöl, Zitronensaft, Knoblauch, Parmesan, Salz, Pfeffer) gut vermischen, bis ein dickflüssiges Pesto entsteht. Alternativ kann das auch mit einem Pürierstab gemacht werden. Ab und zu das Pesto abschmecken und gegebenenfalls mit Salz oder Zitronensaft nachwürzen.

3. Das fertige Pesto in die Schüssel mit der Quinoa geben und die Zutaten (Birne, die Hälfte der Walnüsse, einige Rucolablätter) dazugeben. Alles vermischen.

4. Die übrigen Walnüsse und den geriebenen Parmesan darüber verteilen.

5. ENJOY!

TIPPS

Zum Rösten der Walnüsse empfehle ich, eine große beschichtete Pfanne auf mittlerer bis hoher Stufe zu erhitzen. Die Walnüsse in der heißen, trockenen Pfanne rösten. Die Nüsse sollten gleichmäßig in einer Schicht in der Pfanne verteilt sein. Beim Rösten bitte unbedingt dabeibleiben und regelmäßig umrühren, damit die Nüsse nicht anbrennen. Sie sind fertig, wenn sie leicht braun werden und gut duften (4–5 Minuten).

BULGURSALAT

mit Süßkartoffeln, Kichererbsen und Kräutern

Dieser frische Bulgursalat ist genau das Richtige für ein gesundes und reichhaltiges Mittagessen. Er ist cremig, knusprig, sehr frisch, und er schmeckt nach Nuss. Außerdem können sich Vegetarier und Veganer über ein weiteres leckeres Rezept freuen.

Vorbereitung 15 Minuten | Kochzeit 30 Minuten | Gesamt 45 Minuten | Portionen 4 | Kalorien 408 kcal

ZUTATEN

Für den Salat
150 g Bulgur
2 mittelgroße Bio-Süßkartoffeln, geschält und in etwa 2 cm große Stücke geschnitten (600 g)
1 EL Olivenöl
grobkörniges Meersalz, nach Geschmack
50 g Mandelsplitter, leicht geröstet
1 Dose Kichererbsen (400 g), abgetropft und abgespült
1 mittelgroße rote Zwiebel, klein geschnitten
1 kleines Bund frische glatte Petersilie, klein gehackt
2 EL frische Minze, klein gehackt
Kerne von ½ Granatapfel, oder mehr

Für das Dressing
1 EL gemahlener Kreuzkümmel (Cumin)
2 EL natives Olivenöl extra
Zitronensaft von 1 großen Zitrone, frisch gepresst

ZUBEREITUNG

1. Den Ofen auf 200 °C (180 °C Umluft) vorheizen und ein Backblech mit Backpapier auslegen.

2. In einem mittelgroßen Topf den Bulgur entsprechend der Packungsanleitung kochen. Nach dem Kochen den Bulgur in eine große Salatschüssel zum Abkühlen geben (etwa 10 Minuten).

3. In der Zwischenzeit die Süßkartoffelstücke in einer Schüssel mit dem Olivenöl und 1 Prise Salz vermischen, auf dem vorbereiteten Backblech gleichmäßig auslegen und in den Ofen schieben. **Achtung** Die Stücke nicht zu dicht nebeneinanderlegen! Im Ofen rösten, bis sie an den Rändern leicht braun und in der Mitte weich sind (etwa 30–35 Minuten). Nach der Hälfte der Zeit die Stücke wenden, damit sie gleichmäßig geröstet werden.

4. Während die Süßkartoffeln im Ofen sind, können die Mandelsplitter in einer beschichteten Pfanne ohne Öl geröstet werden, bis sie goldbraun sind. Nach dem Rösten die Mandeln auf einen Teller geben und zur Seite stellen.

5. In einer kleinen Schüssel die Dressing-Zutaten gut vermischen.

6. Die Kichererbsen in die Schüssel mit dem Bulgur geben und die Zutaten (rote Zwiebel, Minze) dazugeben. Das Dressing darüber verteilen und vermischen. Granatapfelkerne, Mandelsplitter, geröstete Süßkartoffel dazugeben und vorsichtig vermischen.

7. ENJOY!

HERBSTSALAT

mit Schwarzkohl, Kartoffeln und Sonnenblumenkernmus-Dressing

Dieser reichhaltige Herbstsalat ist voller Aroma, und er hat eine besondere Textur. Das Dressing erinnert ein bisschen an einen Caesar Salad. Doch die leicht gerösteten Kartoffeln und Pastinaken hätten in einem Caesar Salad überhaupt nichts zu suchen. Hier passen sie perfekt in den Herbstsalat mit Schwarzkohl, der mit etwas Parmesan noch eine Überraschung parat hält.

Vorbereitung 15 Minuten | **Kochzeit** 30 Minuten | **Gesamt** 45 Minuten | **Portionen** 4 | **Kalorien** 408 kcal

ZUTATEN

Für die Kartoffeln und Pastinaken

350 g Kartoffeln, geschält und in Spalten geschnitten
2 Pastinaken, geschält und in Stücke geschnitten (ähnlich groß wie die Kartoffelspalten)
1 EL Olivenöl
½ TL rote Chiliflocken
½ TL Meersalz
25 g Parmesan, frisch gerieben

Für das Dressing

3 EL Sonnenblumenkernmus (aus dem Bioladen oder Reformhaus)
2 Knoblauchzehen, zerdrückt
3 EL + 1 TL Zitronensaft, frisch gepresst
6 kleine Sardellenfilets (in Öl verpackt), klein gehackt (15 g)
2 EL Dijon-Senf
4 EL natives Olivenöl extra
2 EL Wasser (oder mehr) zum Verdünnen

ZUBEREITUNG

1. Den Ofen auf 220 °C (200 °C Umluft) vorheizen und ein Backblech mit Backpapier auslegen.

2. In einer mittelgroßen Schüssel die Zutaten (Kartoffeln, Pastinaken, Olivenöl, Chiliflocken, Meersalz) vermischen.

3. Das Gemüse auf dem vorbereiteten Backblech gleichmäßig verteilen mit ausreichend Abstand zwischen den Zutaten. Im Ofen backen, bis die Kartoffeln an den Rändern goldbraun und weich sind (etwa 20–25 Minuten). Nach 10 Minuten alles wenden. Nach dem Rösten den Parmesan darüber verteilen und weiterrösten, bis der Käse golden wird und anfängt zu blubbern (etwa 2–3 Minuten). Das Blech aus dem Ofen nehmen und zum Abkühlen zur Seite stellen (etwa 5 Minuten).

4. In der Zwischenzeit die Dressing-Zutaten in einer kleinen Schüssel gut vermischen.

5. Die Blätter des Schwarzkohls in eine große Servierschüssel legen und etwas Olivenöl darübergeben. Mit den Fingern die Blätter mit dem Öl massieren, bis die Blätter weich werden. 5 Minuten zur Seite stellen.

-->

Für den Salat

1 Bund Schwarzkohl (etwa 250 g), die Stängel entfernt und in kleine Stücke gerupft

4 EL rohe Sonnenblumenkerne, leicht geröstet

Parmesan, frisch gerieben zum Garnieren (evtl. noch mehr zum Servieren)

Meersalz und frisch gemahlener schwarzer Pfeffer, nach Geschmack

6. 3 EL des Dressings über die Blätter verteilen und gut vermischen. Die Sonnenblumenkerne dazugeben und vorsichtig vermischen. 2 EL Dressing (oder die gewünschte Menge) darübergeben und nochmal vermischen.

7. Das geröstete Gemüse hinzufügen und mit einem Spachtel Käsereste abschaben. Vorsichtig vermischen. Mit Parmesan, gemahlenen Pfeffer und Meersalz bestreuen. Sofort servieren.

8. Etwas Parmesan und übriges Dressing extra auf den Tisch stellen, damit beim Essen individuell nachgelegt werden kann.

9. ENJOY!

TIPPS

Zum Rösten der Sonnenblumenkerne eine trockene Pfanne auf mittlerer Stufe erhitzen. Die Kerne hineingeben und unter Umrühren rösten, bis sie eine goldene Farbe bekommen. Die gerösteten Kerne auf einen Teller geben und zur Seite stellen.

Wenn keine Sonnenblumenkerne vorrätig sind, können Kürbiskerne geröstet werden.

Die Sardellen im Dressing sind kaum zu schmecken. Ich habe sie für mehr Umami-Geschmack dazugenommen. Wer keine Sardellen mag, sollte sich nicht abschrecken lassen. Ich habe das mit einem Freund getestet und ihm erst hinterher von den Sardellen erzählt. Er war sehr erstaunt, weil er normalerweise Sardellen überhaupt nicht mag. Er konnte sie aber nicht herausschmecken.

Das Dressing kann im Kühlschrank in einem verschlossenen Behälter bis zu 5 Tage aufbewahrt werden.

INGWER-CHILI-KÜRBIS

im Ofen geröstet mit Bulgursalat

Ein tolles Rezept für einen farbenfrohen Herbstsalat mit Kürbis, der zusammen mit Bulgur, frischen Kräutern, Mandeln, Granatapfelkernen und Feta im Ofen geröstet wird. Der Salat kann auch noch gut am nächsten Tag gegessen werden, und ohne Feta ist er zu 100 Prozent vegan. Das Rezept reicht als Hauptgericht für vier Portionen oder für mehr als Beilage.

Vorbereitung **15 Minuten** | Kochzeit **30 Minuten** | Gesamt **45 Minuten** | Portionen **4** | Kalorien **462 kcal**

ZUTATEN

1,3 kg Hokkaidokürbis, die Enden abgeschnitten, entkernt und in gleich große Stücke geschnitten (2–3 cm breit).
1 EL frischer Ingwer, geschält und gerieben
2 frische rote Chilischoten, entkernt, die Membranhäute entfernt, klein gehackt
2 Knoblauchzehen, zerdrückt
2 ½ EL Olivenöl
2 EL Honig (Veganer können Ahornsirup nehmen)
1 TL gemahlener Koriander
feines Meersalz und frisch gemahlener schwarzer Pfeffer
200 g Bulgur
Saft von 1 großen Zitrone (oder mehr nach Geschmack)
1 kleine rote Zwiebel, klein gehackt
1 kleines Bund frischer Koriander, klein gehackt
1 Handvoll Minzblätter, klein gehackt
4 EL Mandelsplitter, leicht geröstet (etwa 30 g)
Kerne von ½ Granatapfel
zerkrümelter Feta, nach Geschmack

ZUBEREITUNG

1. Den Ofen auf 200 °C (180 °C Umluft) vorheizen und ein Backblech mit Backpapier auslegen.

2. In einer großen Schüssel die Zutaten (Kürbisstücke, Ingwer, Chilischoten, Knoblauch, Olivenöl, Honig, gemahlener Koriander) vermischen. Mit Salz und Pfeffer würzen und gut vermischen. Alles auf das vorbereitete Backblech geben und im Ofen rösten, bis der Kürbis golden und weich ist (etwa 25–30 Minuten). Nach der Hälfte der Zeit die Kürbisstücke wenden. Aus dem Ofen nehmen und zur Seite stellen (abkühlen lassen, bis sie nur noch lauwarm sind).

3. In der Zwischenzeit den Bulgur entsprechend der Packungsanleitung in Wasser kochen. Das übrige Wasser nach dem Kochen abschütten und den Bulgur in eine große Servierschüssel zum Abkühlen geben, solange der Kürbis im Ofen geröstet wird.

4. Den leicht abgekühlten Kürbis in die Schüssel mit dem Bulgur geben (zusammen mit Chilischoten, Ingwer und Öl vom Backblech).

5. Den Zitronensaft darübergeben und die Zutaten (Zwiebel, Kräuter, Hälfte der gerösteten Mandelsplitter, Hälfte der Granatapfelkerne) dazugeben. Gut vermischen und nach Geschmack würzen. Die restlichen Mandelsplitter und Granatapfelkerne darüber verteilen. Mit Feta garnieren oder extra servieren (ich finde Feta macht das Ganze richtig lecker!). Auf Zimmertemperatur servieren. Wer möchte, kann dieses Gericht auch warm genießen.

6. ENJOY!

ROSENKOHLSALAT

mit Süßkartoffeln und Kichererbsen

Dieses Rezept ist für Liebhaber von Caesar Salad bestens geeignet. Denn es ist kein klassischer Rosenkohlsalat, sondern er ist mit einer Art Caesar-Salad-Dressing angerichtet. Das ist schwer zu beschreiben. Ich empfehle, ihn warm oder bei Zimmertemperatur zu servieren.

Vorbereitung 15 Minuten | Kochzeit 30 Minuten | Gesamt 45 Minuten | Portionen 4 | Kalorien 388 kcal

ZUTATEN

Für den Salat

1 große Süßkartoffel, geschält und in Halbmonde geschnitten
2 EL Olivenöl, aufgeteilt
2 TL geräucherte Paprika (Pimentón de la Vera)
¼ TL Cayennepfeffer
Meersalz und schwarzer Pfeffer, nach Geschmack
1 Dose Kichererbsen (400 g), abgetropft und abgespült
500 g Rosenkohl, geputzt und geschreddert

Für das Parmesan-Tahin-Dressing

3 kleine Sardellenfilets (in Öl verpackt), klein gehackt
1 große Knoblauchzehe, zerdrückt
3 EL Zitronensaft, frisch gepresst
4 ½ EL Tahin (Sesammus)
1 EL Dijon-Senf
4 ½ EL natives Olivenöl extra
4 ½ EL Parmesan fein gerieben (oder mehr zum Servieren)
Meersalz und frisch gemahlener schwarzer Pfeffer, nach Geschmack
4 EL Wasser (gegebenenfalls auch mehr)

Zum Garnieren

2 EL glatte Petersilie, frisch gehackt
Sesamsamen oder schwarzer Kreuzkümmel (Nigellasamen)
extra Zitronenschnitten zum Servieren (optional)

ZUBEREITUNG

1. Den Ofen auf 220 °C (200 °C Umluft) vorheizen und ein Backblech mit Backpapier auslegen.

2. Die Zutaten (Süßkartoffel, 1½ EL Olivenöl, geräucherte Paprika, Cayennepfeffer, 1 Prise Salz, schwarzer Pfeffer) in eine große Schüssel geben und gut vermischen. Alles gleichmäßig auf das vorbereitete Backblech in einer Schicht verteilen, ohne dass die Stücke zu dicht beieinanderliegen. Das Blech in den vorgeheizten Ofen schieben und backen (15 Minuten).

3. Die abgespülten und abgetropften Kichererbsen in die gleiche Schüssel geben, in der die Süßkartoffeln vorbereitet wurden und ½ EL Olivenöl hinzufügen. Die Süßkartoffeln aus dem Ofen nehmen und wenden. Die Kichererbsen auf das Backblech dazugeben und das Blech wieder in den Ofen schieben und weiterbacken, bis die Kichererbsen leicht knusprig und die Süßkartoffeln zart sind (15 Minuten).

4. In der Zwischenzeit den geschredderten Rosenkohl in eine große Salatschüssel geben.

5. Für das Dressing alle Dressing-Zutaten (Sardellenfilets, Knoblauch, Zitronensaft, Tahin, Dijon-Senf, Öl, Parmesan, Salz, Pfeffer, Wasser) in eine kleine Schüssel geben und gut vermischen. Abschmecken und gegebenenfalls mit Salz und Pfeffer nachwürzen.

6. Das Dressing über den Rosenkohl geben und gut vermischen. Die gebackenen Süßkartoffeln und Kichererbsen dazugeben und vorsichtig vermischen. Mit Petersilie und Sesamsamen oder Nigellasamen garnieren.

7. Mit Zitronenschnitten servieren, damit individuell noch extra Zitronensaft dazugegeben werden kann.

8. ENJOY!

FENCHELSALAT

mit Birne, Minze und Sumach

Dieser Fenchelsalat mit Birne, Minze und Sumach ist ein Lieblingssalat von mir, denn er ist in Nullkommanichts gemacht. Dafür wird nur eine Handvoll Zutaten benötigt: Fenchel, Birne, Minze und rote Zwiebel. Für den leckeren Salat wird alles in das tolle Zitronen-Sumach-Dressing gegeben. Das Rezept reicht als Hauptgericht mit einem Baguette für zwei Personen oder als Beilage für vier Personen.

Vorbereitung 15 Minuten | **Gesamt** 15 Minuten | **Portionen** 4 als Beilage | **Kalorien** 165 kcal

ZUTATEN

2 mittelgroße Fenchelknollen, geviertelt, vom Strunk befreit und in dünne Scheiben geschnitten
1 kleine rote Zwiebel, klein geschnitten
1 große reife, aber trotzdem feste Birne, geschält, geviertelt und in dünne Scheiben geschnitten
¼ TL Sumach und etwas mehr zum Garnieren
3 EL frische Minze, klein gehackt
3 EL natives Olivenöl extra
1 TL Rotweinessig
Zitronensaft von ½ Zitrone, frisch gepresst
Meersalz und frisch gemahlener schwarzer Pfeffer, nach Geschmack

ZUBEREITUNG

1. In einer mittelgroßen Schüssel alle Zutaten miteinander vermischen und mit Salz und Pfeffer würzen. Dann nochmal vermischen und etwas extra Sumach darüberstreuen. Und schon ist der frische Salat fertig.

2. ENJOY!

TIPPS

Ich mag für dieses Salatrezept gerne italienische Abate-Fetel-Birnen. Doch Bartlett-Birnen passen auch gut, da sie eine weiche Textur haben, die sich gut für Salate eignet. Auf dem Markt gibt es auch saisonal kleine Birnen aus Deutschland. Die passen auch gut. Um zu prüfen, ob die Birne reif ist, empfehle ich, sie rund um den Stengel leicht zu drücken. Sie sollte nicht steinhart sein und ein bisschen nachgeben.

Sumach gibt dem Salat eine leicht säuerliche Note. Das Gewürz gibt es in türkischen Läden, im Gewürzhandel oder online.

TABOULEHSALAT

mit Schwarzkohl und Quinoa

Dieser leckere Taboulehsalat mit Schwarzkohl und Quinoa ist ein glutenfreier und veganer Wintersalat. Er benötigt nur wenige Zutaten und bietet trotzdem eine große Vielfalt an Aromen und Texturen. Außerdem hält er sich lange und kann gut im Voraus gemacht werden. Ein weiterer Vorteil ist, dass Reste auch am nächsten Tag noch sehr gut schmecken.

Vorbereitung 15 Minuten | Kochzeit 20 Minuten | Gesamt 35 Minuten | Portionen 4 | Kalorien 280 kcal

ZUTATEN

Für den Salat

130 g Quinoa
1 Bund Schwarzkohl (etwa 250 g), die Stängel abgetrennt und klein gehackt in dünne Streifen (etwa 5 Handvoll gehackte Blätter)
1 kleines Bund glatte Petersilie, klein gehackt
1 Hand voll frische Minze, klein gehackt (1 ½ –2 EL gehackte Minze)
3 Lauchzwiebeln, in dünne Scheiben geschnitten
200 g Cherry-Tomaten, je süßer, desto besser, in Viertel geschnitten

Für das Dressing

4 EL natives Olivenöl extra
2 EL Zitronensaft, frisch gepresst
1 Schalotte, klein gehackt
1 TL gemahlener Kreuzkümmel (Cumin)
½ TL Sumach
½ TL Meersalz
¼ TL gemahlener schwarzer Pfeffer
1 kleine Prise trockene Chiliflocken

ZUBEREITUNG

1. Die ungekochte Quinoa in einem feinen Küchensieb unter Wasser abspülen, in einen mittelgroßen Topf mit der doppelten Menge an Wasser geben und so lange kochen, bis die Flüssigkeit aufgenommen und die Quinoa leicht und fluffig ist (oder entsprechend der Packungsanleitung). Nach dem Kochen den Topf vom Herd nehmen und die Quinoa mit einer Gabel auflockern. 5 Minuten stehen lassen und in eine große Schüssel zum Abkühlen geben.

2. Die Zutaten (Schwarzkohl, Petersilie, Minze, Lauchzwiebel, Tomaten) in die Schüssel mit der Quinoa geben.

3. In einer kleinen Schüssel die Dressing-Zutaten (Öl, Zitronensaft, Schalotte, Kreuzkümmel, Sumach, Salz, Pfeffer, Chiliflocken) vermischen. Das Dressing über den Schwarzkohl-Mix geben und gut vermischen. Mit Salz und Pfeffer nach Geschmack würzen (wenn gewünscht, noch ein paar Tropfen Zitrone dazugeben).

4. ENJOY!

TIPPS

Für dieses Rezept kann auch normaler Grünkohl verwendet werden. In dem Fall empfehle ich, ihn vorher mit den Händen zu massieren. Dadurch werden die Blätter schön weich. Allerdings werden sie auch kleiner. Der Schwarzkohl kann auch massiert werden, aber ich glaube, das ist nicht notwendig.

Da der Herbst nicht mehr die typische Tomatensaison ist, habe ich »Honigtomaten« für dieses Rezept verwendet, da sie sehr süß sind und auch gut zu dem herbstlichen libanesischen Taboulehsalat passen.

Wer noch mehr experimentieren möchte, dem empfehle ich zu diesem Taboulehsalat auch noch diese Zutaten:

- geschälte und entkernte Salatgurke, in Würfel geschnitten
- Granatapfelkerne, zum Garnieren
- geröstete Mandelsplitter für den extra Crunch

Winter

Dezember, Januar, Februar

Wintersalate können bunt und frisch sein. Meine Rezepte in diesem Kapitel verwenden saisonale Zutaten wie Zitrusfrüchte, Wurzelgemüse und Winterblattgrün. Ich finde, dass ein Wintersalat die beste Gelegenheit ist, um diese Zutaten zu ihrer vollen Geltung kommen zu lassen und zu zeigen, dass es auch im tiefsten Winter frische und saisonale Lebensmittel gibt. Knollen- und Wurzelgemüse lassen sich lange aufbewahren und sind deswegen den ganzen Winter verfügbar. Und natürlich stehen die verschiedenen Kohlsorten im Winter auf der Einkaufsliste. Dazu gehören Rosenkohl, Chinakohl, Weißkohl, Wirsing und Rotkohl. Es gibt auch Salatsorten, die den Winter verschönern, wie Chicorée, Rucola und Feldsalat. Viele der Rezepte in diesem Kapitel lassen sich als gesundes Hauptgericht servieren. Andere sind geeignet für ein leichtes Mittagessen oder als Beilage. Auf jeden Fall zeigen alle Rezepte, dass auch während der kalten Monate eine ausgewogene Ernährung mit frischem Gemüse und eingelagerten Lebensmitteln möglich ist.

WINTERLICHER NUDELSALAT

mit geröstetem Gemüse und Buttermilch-Dressing

Für diesen einfachen und sehr gesunden Nudelsalat werden Schwarzkohl, Pastinaken, Süßkartoffeln und Kichererbsen im Ofen geröstet. Dieses gesunde Sortiment wird mit Spiralnudeln und einem oberleckeren Buttermilch-Dressing vermischt. Hmmmm!

Vorbereitung 15 Minuten | **Kochzeit** 45 Minuten | **Gesamt** 1 Stunde | **Portionen** 4 | **Kalorien** 517 kcal

ZUTATEN

Für den Nudelsalat

1 Bund Schwarzkohl (etwa 250 g), die Mittelrippe entfernt und die Blätter grob gehackt (alternativ kann Grünkohl verwendet werden)
1½ EL Olivenöl
grobkörniges Meersalz und frisch gemahlener schwarzer Pfeffer, nach Geschmack
2 kleine Bio-Süßkartoffeln, geschält und in Würfel geschnitten (375g)
1 kleine Pastinake, geschält und in Würfel geschnitten
2–3 Kartoffeln, geschält und in Würfel geschnitten
150 g Pasta (z. B. Fusilli)

Für die Kichererbsen

1 Dose Bio-Kichererbsen (400 g), die Flüssigkeit abgeschüttet und abgespült
1 EL Olivenöl
½ TL grobkörniges Meersalz
½ TL gemahlener Koriander
¼ TL Cayennepfeffer
frisch gemahlener schwarzer Pfeffer, nach Geschmack

ZUBEREITUNG

1. Den Ofen auf 230 °C (210 °C Umluft) vorheizen und ein Backblech mit Backpapier auslegen. Den Schwarzkohl darauf verteilen und ½ EL Olivenöl (oder mehr) darübergeben. Mit den Händen das Öl verteilen, sodass die Blätter gut bedeckt sind. Mit Salz und Pfeffer würzen. Die Schwarzkohlblätter rösten (8–10 Minuten), aus dem Ofen nehmen und zum Abkühlen zur Seite stellen.

2. Den Ofen auf 220 °C stellen und zwei Backbleche mit Backpapier auslegen.

3. Das Gemüse (Süßkartoffel, Pastinake, Kartoffel) auf einem der Backbleche verteilen und 1 EL Öl darübergeben. Mit Salz und Pfeffer würzen. Das Gemüse gleichmäßig auf dem Blech verteilen, sodass es nicht zu eng liegt und auf der mittleren Schiene des Ofens rösten (10 Minuten).

4. In der Zwischenzeit in einer Schüssel die Kichererbsen mit Öl, Gewürzen, Salz und Pfeffer vermischen. Die Kichererbsen auf das zweite Backblech in einer gleichmäßigen Schicht verteilen.

5. Wenn das Gemüse schon 10 Minuten geröstet ist, das Blech ins obere Drittel des Ofens schieben und das Blech mit den Kichererbsen in das untere Drittel des Ofens schieben.

6. Nach weiteren 10–12 Minuten die Bleche tauschen und das Gemüse und die Kichererbsen wenden. Wenn das Gemüse zart und goldbraun geröstet ist (nach weiteren 10-12 Minuten), die Bleche aus dem Ofen nehmen. Insgesamt wird das Gemüse 30–35 Minuten und die Kichererbsen 20–25 Minuten geröstet.

-->

Für das Dressing
80 ml Bio-Buttermilch
3 EL griechischer Joghurt
2 TL Zitronensaft, frisch gepresst
1 Knoblauchzehe, zerdrückt
1 EL natives Olivenöl extra
4 EL frische Kräuter, klein gehackt (z. B. Dill, Petersilie, Minze, Koriander – vgl. Tipps)

7. Während das Gemüse und die Kichererbsen im Ofen sind, die Nudeln und das Dressing zubereiten. Die Nudeln in kochendem Salzwasser kochen, bis sie al dente sind (gemäß Packungsanleitung). Wenn sie fertig sind, das Wasser über einem Sieb abschütten und die Nudeln abspülen.

8. In einer kleinen Schüssel die Dressing-Zutaten (Buttermilch, Joghurt, Zitronensaft, Knoblauch, Öl, frische Kräuter) gut vermischen.

9. Alle Zutaten in eine große Salatschüssel geben und das Dressing darüber verteilen. Alles vorsichtig vermischen und servieren.

10. ENJOY!

TIPPS

Ich empfehle, für das Dressing zusätzlich eine Mischung aus frischen Kräutern zu verwenden. Das gibt dem Salat noch mehr Aroma und Tiefe. Folgende Kräuter bieten sich dafür an: Dill, Petersilie, Minze, Koriander, Basilikum oder Schnittlauch. Eine andere Idee sind Rucolablätter. Sie passen auch sehr gut.

EINFACHER GRÜNKOHLSALAT

mit Zitronen-Tahin-Dressing

Dies ist ein Rezept für einen ganz einfachen Salat für alle Freunde der dunkelgrünen Blätter. Ich gehöre auf jeden Fall dazu! Zu diesem Salat passt sowohl Grünkohl als auch Schwarzkohl. Der Salat ist voller Vitamine vom Kohl, der roh geriebenen Karotte und der Roten Bete. Dazu kommen noch geröstete Kürbiskerne und geschälte Hanfsamen. Einfach, lecker und gesund!

Vorbereitung 30 Minuten | **Gesamt** 30 Minuten | **Portionen** 6 | **Kalorien** 189 kcal

ZUTATEN

Für den Salat
5–6 Handvoll Grünkohl oder Schwarzkohl, die Mittelrippe entfernt (250–275 g)
1 EL Zitronensaft, frisch gepresst
½ EL geröstetes Sesamöl
½ EL natives Olivenöl extra
½ EL Ahornsirup
1 Prise Meersalz
1 Knoblauchzehe, zerdrückt
1 mittelgroße Karotte, geschält und gerieben
1 mittelgroße Rote Bete, geschält und gerieben
3 EL Kürbiskerne, leicht geröstet
1 EL geschälte Hanfsamen (optional)

Für das Dressing
3 EL Tahin
80 ml Zitronensaft, frisch gepresst
3 EL natives Olivenöl extra
1 Knoblauchzehe, zerdrückt
Meersalz und schwarzer Pfeffer gemahlen, nach Geschmack

ZUBEREITUNG

1. Den Grünkohl zusammen mit dem Zitronensaft, dem Öl, dem Ahornsirup, dem Salz und dem Knoblauch in eine große Salatschüssel geben und darin wenden. Mit den Händen den Grünkohl aneinanderreiben, sodass die Textur der Blätter weich wird (3–5 Minuten). Die Schüssel zur Seite stellen, damit der Grünkohl darin »mariniert« wird (etwa 15–20 Minuten). Dadurch werden die Blätter noch weicher.

2. Für das Dressing das Tahin, den Zitronensaft, das Olivenöl, den Knoblauch, das Meersalz und den Pfeffer in einer kleinen Schüssel gut vermischen. Gegebenenfalls nach Geschmack nachwürzen.

3. Das Dressing über den Grünkohl verteilen und die geriebene Karotte und die Rote Bete darübergeben. Zum Schluss die gerösteten Kürbiskerne und die Hanfsamen darüber streuen.

4. ENJOY!

TIPPS

Der Schwarzkohl (auch »Dinosaurier-Kohl«, »Lacinato« oder »Nero di Toscana« genannt) ist sehr gut für Salate geeignet. Er ist weicher als Grünkohl. Deswegen dauert bei ihm auch die „Massage" nicht so lange.

ORIENTALISCHER ROTE-BETE-SALAT

mit Quinoa & Joghurt-Dressing

Dieser orientalische Salat ist voller Nährstoffe, wenn die Zutaten frisch sind. Deswegen empfehle ich, die Rote Bete und die Kräuter frisch auf dem Markt zu kaufen. Leckerer geht fast nicht. Wer möchte, kann den gesunden Salat das ganze Jahr über machen.

Vorbereitung 10 Minuten | **Kochzeit** 35 Minuten | **Gesamt** 45 Minuten | **Portionen** 4 | **Kalorien** 382 kcal

ZUTATEN

Für den Salat
200 g Quinoa
3 kleine bis mittelgroße Rote Beten (500–600 g), geschält, halbiert und geviertelt
1 EL Olivenöl
Meersalz und frisch gemahlener schwarzer Pfeffer, nach Geschmack
25 g trockene Bio-Cranberrys, grob gehackt
1 kleines Bund glatte Petersilie, grob gehackt
1 kleines Bund Koriander, grob gehackt
1 mittelgroße rote Zwiebel, in dünne Scheiben geschnitten
Saft und fein geriebene Schale von ½ Bio-Zitrone, frisch gepresst
jeweils 2 EL Mandelsplitter, Pinienkerne und gehackte Walnusskerne, leicht geröstet

Für das Dressing
1 TL Kreuzkümmel, leicht geröstet und klein gerieben
1 Handvoll Minzblätter, klein gehackt (2–3 EL)
250 g griechischer Joghurt
1 EL Zitronensaft, frisch gepresst

ZUBEREITUNG

1. Den Ofen auf 190 °C (170 °C Umluft) vorheizen und ein Backblech mit Backpapier auslegen.

2. Die ungekochte Quinoa in einem feinen Kochsieb abspülen und in einem mittelgroßen Topf mit Wasser (Verhältnis Quinoa zu Wasser 1 : 2) kochen, bis die meiste Flüssigkeit aufgenommen wurde und die Quinoa leicht und luftig ist (15 Minuten oder entsprechend der Packungsanleitung). Nach dem Kochen den Topf vom Herd nehmen und die Quinoa mit einer Gabel auflockern. 5 Minuten stehen lassen und in eine große Salatschüssel zum Abkühlen geben.

3. In der Zwischenzeit die Rote Bete mit Olivenöl beträufeln und darin wenden, bis sie vollständig bedeckt ist. Mit Salz und Pfeffer würzen und gleichmäßig auf dem vorbereiteten Backblech auslegen.

4. Die Roten Beten in den vorgeheizten Ofen schieben und so lange rösten, bis sie weich wird (etwa 35 Minuten, das kann je nach Ofen und Größe der Stücke variieren). Nach der Hälfte der Zeit einmal wenden. Aus dem Ofen nehmen und zur Seite stellen.

5. Für das Dressing die Kreuzkümmelsamen in einer kleinen trockenen Pfanne rösten, bis sie gut duften. Herausnehmen, in einem Mörser zerkleinern und in eine kleine Schüssel geben. Mit der Minze, dem Joghurt und dem Zitronensaft vermischen. Gegebenenfalls nach Geschmack nachwürzen.

6. Die Zutaten (Cranberrys, frische Kräuter, rote Zwiebel, Zitronensaft, geriebene Zitronenschale, geröstete Nüsse) in einer Schüssel leicht vermischen. Die Rote Bete dazugeben und nochmal leicht

vermischen. Den Salat auf einer Servierplatte anrichten und entweder das Dressing darüberträufeln oder das Dressing extra servieren.

7. ENJOY!

TIPPS

Wer möchte, kann gerne noch etwas Olivenöl extra auf den Salat geben, damit er noch reichhaltiger wird. Auch 1 extra Spritzer Zitronensaft kann sicher nicht schaden.

ROSENKOHLSALAT

mit Apfel und Haselnuss

Dieser Rosenkohlsalat mit Apfel und Haselnuss ist eine ganz andere Art, Rosenkohl zu genießen. Der Apfel und die gerösteten Haselnüsse geben dem Salat eine süße Note mit einem leckeren Nussaroma, während der Parmesan für Umami-Geschmack sorgt. Das ist der perfekte gesunde Wintersalat.

Vorbereitung 15 Minuten | **Gesamt** 15 Minuten | **Portionen** 8 als Beilage | **Kalorien** 229 kcal

ZUTATEN

Für den Salat

500 g Rosenkohl, gesäubert und fein geschreddert (siehe Tipps)
2 Äpfel (ich empfehle Braeburn oder Wellant), geviertelt, entkernt und in dünne Scheiben geschnitten
½ rote Zwiebel, klein geschnitten
100 g geröstete Haselnusskerne, grob gehackt
50 g Parmesan, frisch gerieben

Für das Dressing

4 EL natives Olivenöl extra
3 EL Bio-Apfelessig (ungefiltert/naturtrüb)
1 ½ EL Ahornsirup
1 TL Dijon-Senf
Meersalz und frisch gemahlener schwarzer Pfeffer, nach Geschmack

ZUBEREITUNG

1. In einer kleinen Schüssel die Dressing-Zutaten (Öl, Apfelessig, Ahornsirup, Senf) gut vermischen. Das Dressing mit Salz und Pfeffer nach Geschmack würzen und beiseitestellen.

2. Den geschredderten Rosenkohl mit den Äpfeln und der roten Zwiebel in eine große Schüssel geben. Das Dressing gleichmäßig darüber verteilen und alles gut vermischen. Zum Schluss die Haselnüsse und den Parmesan dazugeben und nochmal vermischen.

3. Abschmecken und mit Salz und Pfeffer nach Geschmack nachwürzen.

4. ENJOY!

TIPPS

Ich verwende eine Mandoline, um den Rosenkohl zu schreddern.

Wer eine zu Hause hat, für den ist jetzt der Zeitpunkt gekommen, sie auszupacken. Aber Vorsicht: Ich empfehle einen entsprechenden Schutzhalter (oder Schnittschutzhandschuhe) zu verwenden.

So wird Rosenkohl ohne Mandoline oder Küchenmaschine geschreddert: Die Enden abschneiden und die Röschen halbieren. Die Röschen mit der Schnittfläche nach unten auf ein Brett legen und sehr dünne Scheiben abschneiden, bis alles »geschreddert« ist.

Haselnüsse können zu Hause geröstet oder fertig geröstet gekauft werden (z. B. im Bioladen).

GRÜNKOHLSALAT

mit geröstetem Gemüse und Tahin-Dressing

Dieses fantastische Rezept für einen gesunden Grünkohlsalat mit geröstetem Gemüse und Tahin-Dressing ist voller Einflüsse der Küche des Nahen Ostens und der mediterranen Küche. Zusammen mit den französischen Puy-Linsen, dem gerösteten Gemüse und dem Tahin-Dressing schmeckt der Grünkohl so richtig gut. Das Rezept reicht als Hauptgericht für vier Portionen.

Vorbereitung 20 Minuten | **Kochzeit** 30 Minuten | **Gesamt** 50 Minuten | **Portionen** 4 | **Kalorien** 470 kcal

ZUTATEN

Für das geröstete Gemüse

2 kleine Pastinaken, geschält, einmal der Länge nach und einmal quer durchgeschnitten
2 mittelgroße Karotten, geschält, einmal der Länge nach und einmal quer durchgeschnitten
1 mittelgroße Süßkartoffel, geschält, der Länge nach halbiert und in Halbmonde geschnitten
½ großer Kopf Blumenkohl (oder 1 kleiner Kopf), den Strunk abgeschnitten
2–3 EL Olivenöl
Meersalz und frisch gemahlener schwarzer Pfeffer, nach Geschmack
1 große Prise Kreuzkümmel (ganz)

Für den Salat

150 g französische Puy-Linsen (grüne Linsen)
1 Bund Grünkohl, die harten Stängel abgeschnitten und klein gehackt (etwa 6 Handvoll)
1 EL natives Olivenöl extra
¼ TL Meersalz
Kerne von ½ Granatapfel
1 TL Sesamsamen, leicht geröstet
1 TL Schwarzkümmel (Nigella), leicht geröstet (optional)

ZUBEREITUNG

1. Den Ofen auf 220 °C (200 °C Umluft) vorheizen und zwei Backbleche mit Backpapier auslegen.

2. Die Zutaten (Pastinaken, Karotten, Süßkartoffel) auf einem Backblech auslegen. Den Blumenkohl auf dem zweiten Backblech auslegen. Über das Gemüse Olivenöl träufeln und das Gemüse darin wenden, bis sich das Öl gut verteilt hat. Mit Salz und Pfeffer würzen. 1 große Prise Kreuzkümmelsamen über den Blumenkohl geben. Das Gemüse im oberen und unteren Drittel des Backofens rösten (etwa 30–35 Minuten), nach der Hälfte der Zeit das Gemüse mit einem Küchenspachtel wenden und die Backbleche tauschen.

3. In der Zwischenzeit die Linsen mit dreimal so viel Wasser wie Linsen kochen (etwa 30 Minuten oder entsprechend der Packungsanleitung). Sobald sie fertig gekocht sind, das übrige Wasser abschütten und die Linsen zum Abkühlen zur Seite stellen. (Ich empfehle, nach 25 Minuten zu probieren, ob die Konsistenz der Linsen schon richtig ist. Ich mag sie nämlich lieber al dente.)

4. Die Grünkohlblätter mit Olivenöl und Salz in einer Servierschale mit den Händen 2 Minuten lang massieren, bis sie gut mit Öl bedeckt sind. Die gekochten Linsen hinzufügen und vermischen.

5. Für das Dressing die Zutaten (Tahin, Zitronensaft, Knoblauch, Kreuzkümmel) in einer Rührschüssel gut vermischen. Mit Salz und Pfeffer würzen, etwas Wasser dazugeben und nochmal vermischen. Wenn nötig, immer nach und nach je ½ EL Wasser hinzufügen, bis die gewünschte Konsistenz erreicht ist.

-->

Für das Dressing
4 EL Tahin (Sesammus), gut gerührt
2 EL Zitronensaft, frisch gepresst
1 große Knoblauchzehe, zerdrückt
½ TL gemahlener Kreuzkümmel (Cumin)
60 ml kaltes Wasser
Meersalz und frisch gemahlener schwarzer Pfeffer, nach Geschmack

6. Sobald das Gemüse fertig geröstet ist, leicht abkühlen lassen, bevor es in die Schale mit dem Grünkohl gegeben wird. Das Dressing darüber verteilen und mit den Granatapfelkernen, den Sesamsamen und dem Schwarzkümmel garnieren.

7. Das übrige Tahin-Dressing und extra Granatapfelkerne mit auf den Tisch stellen für diejenigen, die nicht genug davon bekommen können. Mit Zimmertemperatur genießen.

8. Dieser Salat hält sich ein paar Tage und kann auch gut dann noch gegessen werden.

9. ENJOY!

TIPPS

Pastinaken kochen genauso lang wie Karotten. Am besten ist es, sie zu gleich großen Stücken zu schneiden. Längere Pastinaken können halbiert und am unteren Ende halbiert und am oberen Ende in drei Teile oder Viertel geschnitten werden (immer der Länge nach), sodass alle Stücke ungefähr die gleiche Größe haben und so gleichmäßig rösten.

Belugalinsen oder Kichererbsen funktionieren auch bei diesem Rezept.

ROTE-BETE-ORANGEN-SALAT

mit frischen Kräutern

Dieser Rote-Bete-Orangen-Salat bringt viele Aromen und Farbe auf den Teller. Die süße Orange verbindet sich dabei mit dem erdigen Geschmack der Roten Bete. Abgerundet wird das Aromafeuerwerk mit roter Zwiebel, frischen Kräutern und einer leichten Vinaigrette. Das ist doch wirklich eine fantastische Kombination. Der leichte und frische Salat schmeckt genauso gut, wie er aussieht.

Vorbereitung 15 Minuten | **Gesamt** 15 Minuten | **Portionen** 4 | **Kalorien** 233 kcal

ZUTATEN

Für den Salat
4 mittelgroße Rote Beten (etwa 600 g), geschält und grob gerieben oder in feine Streifen (Julienne) gehobelt
3 große Orangen, geschält und filetiert (oder in dünne Scheiben geschnitten)
½ kleine rote Zwiebel, in dünne Scheiben geschnitten
3 EL glatte Petersilie, grob gehackt (etwa ½ kleines Bund)
3 EL frische Minze, grob gehackt (etwa ½ kleines Bund)

Für das Dressing
4 EL natives Olivenöl extra
1 EL Rotweinessig
Zitronenschale, fein gerieben und Saft von ½ Bio-Zitrone, frisch gepresst (1 ½ EL)
1 kleine Knoblauchzehe, zerdrückt
Meersalz und frisch gemahlener schwarzer Pfeffer, nach Geschmack

Zum Garnieren (optional)
Schwarzkümmel (ganz)
Sumach

ZUBEREITUNG

1. In einer kleinen Schüssel die Dressing-Zutaten (Öl, Essig, Zitronenschale, Zitronensaft, Knoblauch, Salz, Pfeffer) vermischen und zur Seite stellen.

2. In einer großen Schüssel die Zutaten (Rote Bete, Orangen, Zwiebel, Kräuter) vermischen und das Dressing darüber verteilen. Gut vermischen und mit Salz und Pfeffer nach Geschmack würzen. Mit Schwarzkümmel und Sumach garnieren (optional).

3. Den Salat vor dem Servieren etwas stehen lassen, damit sich die Aromen entfalten können. Reste können gut in einem luftdichten Behälter im Kühlschrank aufbewahrt und am nächsten Tag gegessen werden.

4. ENJOY!

TIPPS

Für das Filetieren der Orangen: Die Orangen schälen (inklusive der weißen Haut). Die einzelnen Orangenfilets mit einem Messer zwischen den Trennhäuten herausschneiden. Die Orange dabei am besten über eine kleine Schüssel halten, um den austretenden Saft aufzufangen.

Zum Schneiden der Roten Bete nehme ich am liebsten eine Mandoline mit einem Julienne-Aufsatz.

QUINOASALAT

mit Orange, Minze, Petersilie und Mandeln

Ein Rezept für einen gesunden und leichten Salat als Beilage oder Hauptgericht mit Quinoa, Minze, Petersilie, Orangen und Mandeln. Der vegane und vegetarische Salat ist schnell gemacht und überzeugt mit frischen Zutaten. Er kann als leckere Beilage oder als schönes Hauptgericht mittags oder abends serviert werden.

Vorbereitung 15 Minuten | **Kochzeit** 20 Minuten | **Gesamt** 35 Minuten | **Portionen** 4 | **Kalorien** 406 kcal

ZUTATEN

Für den Salat

200 g Quinoa
1 kleine bis mittelgroße rote Zwiebel, in dünne Scheiben geschnitten
1 TL Orangenschale, fein gerieben (von einer Bio-Orange)
1 große Navel-Orange, in Filets geschnitten, den Saft aufbewahren
1 Handvoll Radicchio, grob geschnitten
2 EL frische Minze, klein gehackt
3–4 EL frische glatte Petersilie, klein gehackt
25 g getrocknete Bio-Cranberrys
4 Handvoll gemischter grüner Salat
25 g Mandelsplitter oder gehobelte Mandeln, leicht geröstet

Für das Dressing

5 EL natives Olivenöl extra
3 EL Orangensaft, frisch gepresst
3 EL Rotweinessig
1 Knoblauchzehe, zerdrückt
Meersalz und frisch gemahlener schwarzer Pfeffer, nach Geschmack

ZUBEREITUNG

1. Die ungekochte Quinoa in einem feinen Küchensieb abspülen und in einen mittelgroßen Topf mit Wasser geben und entsprechend der Packungsanleitung kochen. Sobald die meiste Flüssigkeit absorbiert ist und die Quinoa leicht und luftig geworden ist (nach etwa 15 Minuten), den Topf vom Herd nehmen und die Quinoa mit einer Gabel auflockern. Den Topf zugedeckt für 5 Minuten stehen lassen und die Quinoa in eine große Salatschüssel zum Abkühlen geben.

2. In einer kleinen Schüssel die Dressing-Zutaten (Olivenöl, aufbewahrter Orangensaft, Essig, Knoblauch) vermischen. Mit Salz und Pfeffer nach Geschmack würzen.

3. Das Dressing in die Schüssel zur Quinoa geben und die Zutaten (Zwiebel, Orangenschale, Orange, Radicchio, Minze, Petersilie, Cranberrys, grüner Salat) dazugeben und vorsichtig vermischen. Nach Geschmack mit Salz nachwürzen.

4. Zum Schluss den Quinoasalat mit den gerösteten Mandeln garnieren.

5. ENJOY!

TIPPS

Dieses Rezept kann statt mit Quinoa auch mit Couscousgrieß gemacht werden. Für einen extragesunden Couscoussalat empfehle ich Dinkel-Vollkorn-Couscous, den es im Bio-Laden gibt.

1 Handvoll Radieschen passt auch gut zu diesem Salat.

ROTKOHLSALAT

mit Mango

Dieser Rotkohlsalat mit Mango ist wahrscheinlich einer der einfachsten Salate, die es gibt. Das liegt auch daran, dass nur wenige Zutaten nötig sind: Rotkohl, Mango, Limettenschale, Limettensaft, frischer Koriander, ein paar Tropfen Öl und 1 Prise Salz. Das war's schon. Durch die Früchte wird aus dem normalen Rotkohlsalat ein herrlich erfrischender und farbenfroher Wintersalat mit tropischen Einflüssen. Er passt gut zu gegrilltem Fisch oder Fleisch. Ich empfehle ihn auch als Topping für Tacos.

Vorbereitung 15 Minuten | **Gesamt** 15 Minuten | **Portionen** 4 | **Kalorien** 93 kcal

ZUTATEN

1 kleiner Rotkohlkopf, geschreddert
1 TL natives Olivenöl extra (optional)
Schale von 1 Bio-Limette, fein gerieben
Saft von 1 ½ Bio-Limetten (oder mehr je nach Geschmack), frisch gepresst
Meersalz, nach Geschmack
1 Mango (reif, aber fest), geschält und in kleine Würfel geschnitten
1 kleines Bund frischer Koriander, klein gehackt

ZUBEREITUNG

1. Die Zutaten (Rotkohl, Olivenöl, Limettenschale, Limettensaft, Salz) in eine große Schüssel geben und 10 Minuten stehen lassen, damit der Rotkohl gut durchzieht.

2. Die Mango und den frischen Koriander hinzufügen und vermischen. Abschmecken und gegebenenfalls mehr Limettensaft dazugeben.

3. ENJOY!

TIPPS

Um den Rotkohl zu schreddern, verwende ich eine Mandoline. Doch eine Küchenmaschine mit einem Reibeaufsatz funktioniert auch.

PASTINAKENSALAT

mit Kichererbsen, Äpfel, Walnüssen und Roquefort

Ein unglaublich schmackhafter Pastinakensalat mit Kichererbsen. Für das volle Aroma werden die Pastinaken im Ofen gebacken. Ein einfacher Salat für die Feiertage. Das Rezept reicht als Beilage für vier Portionen oder als Hauptgericht für zwei Portionen.

Vorbereitung 15 Minuten | **Kochzeit** 30 Minuten | **Gesamt** 45 Minuten | **Portionen** 4 als Beilage | **Kalorien** 556 kcal

ZUTATEN

Für den Salat

500 g Pastinaken geschält, in gleich große Scheiben geschnitten
1 EL Olivenöl
Meersalz und frisch gemahlener schwarzer Pfeffer
1 Dose Bio-Kichererbsen (400 g), die Flüssigkeit abgeschüttet und abgespült
2 Handvoll junger Spinat oder ein anderes zartes Blattgrün
80 g Blauschimmelkäse, zerkrümelt (ich empfehle Roquefort)
60 g Walnusskerne, leicht geröstet und in grobe Stücke gehackt

Für das Dressing

1 Knoblauchzehe, zerdrückt
2 TL Dijon-Senf
1 EL Rotweinessig
1 TL gemahlener Kreuzkümmel (Cumin)
1 EL Honig (oder Ahornsirup)
4 EL natives Olivenöl extra (60 ml)
Meersalz und frisch gemahlener schwarzer Pfeffer nach Geschmack
2 süßsaure Äpfel, geschält, entkernt und in kleine Würfel geschnitten (1 cm), z. B. Braeburn oder Wellant

ZUBEREITUNG

1. Den Ofen auf 200 °C (180 °C Umluft) vorheizen und ein Backblech mit Backpapier auslegen. Die Pastinaken gleichmäßig in einer Schicht nicht zu dicht nebeneinander auf dem Blech verteilen und Öl darüberträufeln, bis alles gut bedeckt ist. Mit Salz und Pfeffer würzen.

2. Die Pastinaken im vorgeheizten Ofen backen, bis sie weich und golden sind (je nach Größe zwischen 25–30 Minuten). Zwischendurch ab und zu die Stücke wenden, damit sie gleichmäßig geröstet werden.

3. Den Knoblauch in eine große Rührschüssel geben und die Dressing-Zutaten (Senf, Essig, Kreuzkümmel, Honig oder Ahornsirup) hinzufügen. Gut mischen und das Olivenöl dazugeben. Nochmal gut vermischen und mit Salz und Pfeffer nach Geschmack würzen.

4. Die Apfelstücke in das Dressing geben und vermischen.

5. Sobald die Pastinaken fertig gebacken sind, aus dem Ofen nehmen und 5 Minuten abkühlen lassen. In die Schüssel mit dem Dressing geben und die Kichererbsen und den Spinat dazugeben.

6. Alles vorsichtig vermischen. Nochmal abschmecken und gegebenenfalls nachwürzen.

7. Auf zwei Teller oder auf einer Servierplatte anrichten und den Käse und die Walnüsse darüber verteilen.

8. ENJOY!

TIPPS

Zum Rösten der Walnüsse empfehle ich, eine große beschichtete Pfanne auf mittlerer bis hoher Stufe zu erhitzen. Die Walnüsse in der heißen, trockenen Pfanne rösten. Sie sollten in einer Schicht in der Pfanne verteilt sein. Beim Rösten bitte unbedingt dabeibleiben und regelmäßig umrühren, damit sie nicht anbrennen. Sie sind fertig, wenn sie leicht braun werden und gut duften (etwa 4–5 Minuten).

ROTE-BETE-LINSEN-SALAT

mit Dijon-Balsamico-Vinaigrette

Dieser Rote-Bete-Linsen-Salat ist ein echter Leckerbissen. Das liegt natürlich an den leckeren Zutaten: im Ofen geröstete Rote Beten, Schalotten, Belugalinsen, Petersilie, Walnüsse und Granatapfelkerne. Kann es noch schmackhafter werden? Ja, denn ich gebe noch etwas geräucherten Speck für ein tiefes Aroma dazu. Und alles zusammen wird mit einem Dijon-Balsamico-Dressing veredelt.

Vorbereitung 15 Minuten | **Kochzeit** 30 Minuten | **Gesamt** 45 Minuten | **Portionen** 4 | **Kalorien** 519 kcal

ZUTATEN

Für die geröstete Rote Bete

5–6 mittelgroße Rote Beten, geschält und in gleich große Stücke geschnitten (600–700 g)
1 EL Olivenöl
Meersalz und frisch gemahlener schwarzer Pfeffer

Für den Salat

200 g trockene schwarze Linsen (Belugalinsen)
3 mittelgroße Schalotten, klein gehackt
50 g geräucherte Speckwürfel
2 EL glatte Petersilie, gehackt
25 g geröstete Walnusskerne, grob gehackt
1–2 Handvoll Granatapfelkerne

Für das Dressing

4 EL natives Olivenöl extra (60 ml)
3 EL Balsamicoessig
1 TL Dijon-Senf
½ TL Ahornsirup oder Honig
Meersalz und frisch gemahlener schwarzer Pfeffer, nach Geschmack

ZUBEREITUNG

1. Den Ofen auf 200 ° C (180 °C Umluft) vorheizen und ein Backblech mit Backpapier auslegen.

2. Die Rote-Bete-Stücke auf dem vorbereiteten Backblech auslegen, mit Öl beträufeln und gut darin wenden. Mit Salz und Pfeffer bestreuen. Im Ofen rösten, bis das Gemüse so weich ist, dass eine Gabel leicht hineingesteckt werden kann (25–30 Minuten, je nach Größe der Stücke).

3. In der Zwischenzeit die Linsen in einen großen Topf geben und mit ausreichend Wasser (Verhältnis Linsen zu Wasser 1 : 3, sodass die Linsen unter Wasser sind) zum Kochen bringen. Den Herd auf mittlere Stufe stellen und die Linsen köcheln lassen, bis sie al dente sind (20–25 Minuten oder entsprechend Packungsanleitung). Das Wasser über einem Sieb abschütten und die Linsen in eine große Servierschüssel geben.

4. Etwas Öl in eine beschichtete Pfanne geben und auf mittlerer Stufe erhitzen. Die Schalotten und die Speckwürfel darin sautieren, bis alles goldbraun ist (etwa 5–7 Minuten). In die Schüssel mit den Linsen geben.

5. In einer kleinen Schüssel die Dressing-Zutaten vermischen. Das Dressing über den Linsen-Mix geben und gut vermischen. Die anderen Zutaten (geröstete Rote Bete, Petersilie, geröstete Walnüsse, Granatapfelkerne) dazugeben und nochmal mischen.

6. Warm oder auf Zimmertemperatur servieren.

7. ENJOY!

TIPPS

Ich habe eine Mischung aus Gelben und Roten Beten verwendet. Wer es vegetarisch möchte (und natürlich auch vegan), kann den Speck weglassen und stattdessen etwas geräucherte Paprika für einen rauchigen Geschmack dazugeben.

GRÜNKERNSALAT

mit gerösteten Süßkartoffeln und Kichererbsen

Los geht es mit dem Nuss-Geschmack von Grünkern, gefolgt von knusprigen Mandeln, Kichererbsen und meiner geliebten gerösteten Süßkartoffel. Wenn diese himmlischen Zutaten mit roter Zwiebel, frischer Petersilie, einem griechischen Feta und einem leckeren Apfelessig-Dressing vermischt werden, wird es magisch.

Vorbereitung 10 Minuten | **Kochzeit** 40 Minuten | **Gesamt** 50 Minuten | **Portionen** 4 | **Kalorien** 716 kcal

ZUTATEN

Für den Salat

200 g Grünkern
2 mittelgroße Bio-Süßkartoffeln, geschält und in Würfel geschnitten (600 g)
1 EL Olivenöl, oder auch mehr
Meersalz und frisch gemahlener schwarzer Pfeffer, nach Geschmack
1 Dose Kichererbsen (400 g), abgetropft und abgespült
1 mittelgroße rote Zwiebel, klein geschnitten
1 kleines Bund frische glatte Petersilie, klein gehackt
75 g ganze Mandeln, grob gehackt und leicht in der Pfanne geröstet
150 g Feta, zerkrümelt (optional)

Für das Dressing

6 EL natives Olivenöl extra
4 TL Apfelessig (naturtrüb)
1 kleine Schalotte, sehr klein geschnitten
2 TL Honig
¼ EL Dijon-Senf
½ TL Meersalz
1 TL Schwarzkümmel (Nigella) (optional)

ZUBEREITUNG

1. Den Grünkern entsprechend der Packungsanleitung in Wasser kochen (etwa 30 Minuten). Das übrige Wasser abschütten und den Grünkern zum Abkühlen zur Seite stellen.

2. In der Zwischenzeit den Ofen auf 220 °C (200 °C Umluft) vorheizen und ein Backblech mit Backpapier auslegen.

3. Die Süßkartoffelstücke auf dem vorbereiteten Backblech verteilen und das Öl darüber träufeln. Mit Salz und Pfeffer würzen, das Blech in den Ofen geben und die Süßkartoffelstücke so lange rösten, bis sie innen weich und an den Rändern leicht knusprig sind (etwa 25 Minuten je nach Größe der Stücke). Nach der Hälfte der Zeit einmal gut durchrütteln, damit sie gleichmäßig rösten.

4. Die Mandeln klein hacken und in einer großen, beschichteten Pfanne rösten, bis sie leicht bräunlich werden. Danach sofort zum Abkühlen auf einen Teller geben.

5. In einer kleinen Schüssel die Dressing-Zutaten (Öl, Essig, Schalotte, Honig, Senf, Salz, Schwarzkümmel) gut vermischen.

7. Die Zutaten (Grünkern, Kichererbsen, rote Zwiebel) in eine große Schüssel geben, das Dressing darüber verteilen und vermischen. Die Zutaten (geröstete Süßkartoffelstücke, Petersilie, geröstete Mandelstücke, Feta, wenn verwendet) dazugeben und vorsichtig untermischen. Mit Salz und Pfeffer nachwürzen. Wer möchte, kann extra Feta zum Nachlegen servieren.

8. ENJOY!

TIPPS

Dieser Grünkernsalat kann gut einen Tag im Kühlschrank aufbewahrt werden.

Außerdem schmeckt er sehr gut auf einem Bett aus Rucolablättern.

Wer möchte, kann statt Grünkern auch Dinkel für diesen Salat verwenden. Da Dinkel lange gekocht werden muss, empfehle ich, ihn über Nacht einzuweichen. Das verkürzt die Kochzeit um die Hälfte. Alternativ kann schnellkochender Dinkel genommen werden. Dieser enthält aber weniger Nährstoffe.

ASIATISCHER KRAUTSALAT

Ein veganes Rezept für einen einfachen und gesunden asiatischen Krautsalat mit Kohl, Karotten, Koriander und Lauchzwiebel. Das asiatische Dressing macht aus dem Salat etwas ganz Besonderes. Der Salat ist ein klassischer Krautsalat, und er passt sehr gut zu Lachs, Hähnchen oder Gambas. Er kann auch mit gebratenen Asia-Nudeln als eine herzhafte Mahlzeit serviert werden.

Vorbereitung 15 Minuten | **Gesamt** 15 Minuten | **Portionen** 6 | **Kalorien** 148 kcal

ZUTATEN

Für den Krautsalat

300 g Kohl, den Strunk herausgeschnitten, dann klein geschreddert (ich habe Rotkohl und Chinakohl genommen)
3 mittelgroße Karotten, geschält und in feine Streifen geschnitten (oder grob gerieben)
1 frische rote Chilischote, entkernt und in dünne Streifen geschnitten
4 Lauchzwiebeln, klein gehackt
1 große Handvoll frischer Koriander, klein gehackt

Für das Dressing

1 EL frischer Ingwer, geschält und gerieben
4 EL geröstetes Sesamöl
5 EL ungewürzter Reisessig
2 EL Sojasauce
1 EL Zitronensaft, frisch gepresst
1 EL Tahin (Sesampaste), gut gerührt
Meersalz und frisch gemahlener schwarzer Pfeffer, nach Geschmack

Zusätzliche Toppings

geröstete Sesamsamen
ungesalzene Erdnusskerne oder Cashewkerne, leicht geröstet und grob gehackt

ZUBEREITUNG

1. In einer kleinen Schüssel die Dressing-Zutaten vermischen, gut verrühren.

2. Die Zutaten (Kohl, Karotten, Chili, Lauchzwiebel, Koriander) in eine große Schüssel geben und vermischen. Das Dressing darübergeben und nochmal gut vermischen.

3. Mit Sesamsamen und/oder gerösteten Cashewkernen oder Erdnüssen garnieren.

4. ENJOY!

TIPPS

Ich mag Rotkohl im Krautsalat, denn dann wird es schön bunt und knackig. Spitzkohl passt auch sehr gut. Oder ich mische zwei andere Sorten nach Wahl zusammen (z. B. Sommerwirsing). Es sollten am besten knackige Kohlsorten sein, denn die schmecken im Salat am besten und halten sich auch noch besser für den nächsten Tag.

GRÜNKOHLSALAT

mit Rosenkohl und Parmaschinken

Dieser Grünkohlsalat mit Rosenkohl ist bunt und voller Aromen. Neben dem »Es-gibt-nichts-Gesünderes-als-Grünkohl« habe ich noch den Spruch »Love-em-or-hate-em-Rosenkohl« im Sinn. Denn bei Rosenkohl scheiden sich bekanntlich die Geister. Ich denke, der besondere Kick kommt mal wieder durch die gebratenen Streifen Parmaschinken. Diese Kombination ist genau das Richtige für Gemüseliebhaber und Fans von Fleischaromen, die auf Fleisch verzichten möchten.

Vorbereitung 15 Minuten | **Kochzeit** 10 Minuten | **Gesamt** 25 Minuten | **Portionen** 6 | **Kalorien** 212 kcal

ZUTATEN

Für den Salat

6 Scheiben Parmaschinken, klein geschnitten (etwa 100 g)
3–4 Handvoll Grünkohl, in dünne Streifen geschnitten, die Hauptrippe abgeschnitten (100–125 g küchenfertig)
400 g Rosenkohl, fein geschreddert mit einem Gemüsehobel
35 g Haselnusskerne, klein geschnitten und geröstet (es gibt einen Trick, wie das geht, vgl. Tipps)
35 g Parmesan, fein gerieben

Für das Dressing

5 EL natives Olivenöl extra
3 EL Zitronensaft, frisch gepresst
1 EL körniger Dijon-Senf
1 kleine Schalotte, klein geschnitten
1 Knoblauchzehe, zerdrückt
Meersalz und frisch gemahlener schwarzer Pfeffer, nach Geschmack

ZUBEREITUNG

1. Den klein geschnittenen Parmaschinken in eine beschichtete Pfanne geben und auf mittlerer Stufe anbraten, bis die Ränder knusprig sind (etwa 6–8 Minuten). Vom Herd nehmen und zur Seite stellen.

2. In einer kleinen Schüssel das Olivenöl, den Zitronensaft und den Dijon-Senf gut vermischen. Die Schalottenstücke und den Knoblauch dazugeben und mit Salz und Pfeffer würzen. (Da der Parmaschinken und der Parmesan einen hohen Salzgehalt haben, wird nur wenig Salz benötigt.)

3. Den geschnittenen Grünkohl und die geschredderten Rosenkohlstücke in eine große Schüssel geben. Den Parmaschinken, die Haselnüsse und den Parmesan dazugeben. Das Dressing darübergeben und gut vermischen.

4. ENJOY!

TIPPS

Das Vorbereiten der Haselnüsse: Auf einem Backblech die Haselnüsse so verteilen, dass sie nicht übereinanderliegen und 10–15 Minuten rösten, bis sie goldbraun sind und die Haut aufplatzt. Danach die abgekühlten Haselnüsse in einem sauberen Küchenhandtuch abrubbeln, sodass sich die Haut löst (sie müssen nicht vollständig sauber sein).

Dieser Salat hält sich gut ein paar Stunden. Er muss nicht gleich serviert werden und kann zum Beispiel für eine Party sehr früh vorbereitet werden.

REISSALAT

mit Champignons und Kräutern

Dieses einfache Rezept ist für Pilzliebhaber. Neben Champignons und frischen Kräutern sorgen die Chilischoten und ein Dressing aus Zitrone, geröstetem Sesamöl und Sojasauce für einen »asiatischen Touch«. Das Rezept ist vegetarisch und vegan.

Vorbereitung 30 Minuten | **Kochzeit** 45 Minuten | **Gesamt** 1 Stunde 15 Minuten | **Portionen** 4 | **Kalorien** 448 kcal

ZUTATEN

Für den Salat

300 g Reismischung mit Wildreis (Langkornreis natur, Camargue-Reis rot und Wildreis natur)
etwas Olivenöl
300 g gemischte Pilze (z. B. 150 g Champignons, 75 g Shiitake-Pilze, 75 g Kräuterseitlinge oder Steinpilze)
Meersalz und frisch gemahlener schwarzer Pfeffer
1 kleines Bund Koriander, fein gehackt
4 EL frische Minze, klein gehackt
1 Bund Lauchzwiebeln, in dünne Scheiben geschnitten
2 frische Chilischoten, entkernt und in dünne Streifen geschnitten
2–3 große Handvoll junger Rucola

Für das Dressing

80 ml Zitronensaft, frisch gepresst aus 1 ½ –2 Zitronen
4 EL natives Olivenöl extra (60 ml)
2 EL geröstetes Sesamöl
2 EL Sojasauce

ZUBEREITUNG

1. Den Reis in einem mittelgroßen Topf in kaltem Wasser (mindestens dreimal so viel Wasser wie Reis) zugedeckt zum Kochen bringen und auf kleiner Stufe unbedeckt köcheln lassen, bis der Reis weich und trotzdem noch kernig ist (al dente, 40–45 Minuten). Sollte das Wasser vor der Zeit komplett verkocht sein, kann noch mehr kochendes Wasser dazu gegeben werden. Das Wasser über einem Sieb abschütten und den Reis mit kaltem Wasser abschrecken, damit er nicht weiterkocht. Ein paar Minuten stehen lassen und nochmal abtropfen lassen, bevor der Reis in eine Servierschüssel gegeben wird.

2. In der Zwischenzeit die Dressing-Zutaten (Zitronensaft, Olivenöl, Sesamöl, Sojasauce) in eine kleine Schüssel geben und vermischen. Zur Seite stellen.

3. In einer schweren Pfanne das Öl auf mittlerer bis hoher Stufe erhitzen und, sobald es heiß ist, die Pilze darin unter Umrühren braten, bis sie leicht braun und weich sind (etwa 5 Minuten). Mit Salz und Pfeffer würzen.

4. Die Pilze in die Schüssel mit dem Reis geben. Koriander, Minze, Lauchzwiebeln und Chilischoten dazugeben und das Dressing darüber verteilen. Gut vermischen und die Rucolablätter daraufgeben. Nochmal vermischen und servieren.

5. ENJOY!

TIPPS

Für noch mehr pflanzliche Proteine empfehle ich zusätzlich zu den Pilzen geräucherten Tofu. Ich mag am liebsten geräucherten Tofu mit Mandeln und Sesamsamen.

REGISTER

ÜBER DIE AUTORIN

Seit dem Alter von 13 Jahren ist Elle Teuscher gesundem und leckerem Essen verfallen. Sie wuchs zuerst im Norden Kanadas und später in Vancouver auf und arbeitete schon während ihrer Schulzeit in Restaurants mit ausgewählter Küche. Trotzdem hat sie ihre Leidenschaft nicht zum Beruf gemacht und nach Schule und Studium in Kanada in einem Beratungsunternehmen als IT-Beraterin angefangen.

Ihrem Wunsch in Europa zu leben, hat sie mit Anfang 30 nachgegeben und ist zuerst in München und dann in Hamburg heimisch geworden. Davor begab sie sich aber noch auf Weltreise, um vor allem in Asien kulinarische Streifzüge zu unternehmen.

Heute arbeitet sie unter der Woche als Projektmanagerin bei einem schwedischen Unternehmen. Seit dem Jahr 2014 verwöhnt sie ihre Fans auf ihrem Blog »Elle Republic« mit gesunden Rezepten, die einfach zu kochen sind. Mit dem Blog möchte sie zeigen, dass eine gesunde Ernährung mit frischen Zutaten in jeden Alltag passt. Außerdem gibt sie Tipps für einen gesunden Lebensstil.

Unterstützt wird sie dabei von ihrem Partner, dem »liebsten Schwaben«, der auch als Testesser und Testkoch seinen Beitrag leistet. Elle liebt Tiere über alles und fühlt sich außer in der Küche auch auf ihrer Yoga-Matte sehr wohl.

DANK

Mein Dank geht vor allem an den »liebsten Schwaben Thilo«, der mich jeden Tag bei meinem Blog tatkräftig unterstützt und auch bei diesem Buch als Übersetzer und Texter einen wertvollen Beitrag geleistet hat.

Als Partner einer Foodbloggerin hat er es nicht leicht, denn er darf immer erst nach dem Fotografieren die schon abgekühlten Gerichte kosten.

Außerdem nimmt er es klaglos hin, mehrere Tage in Folge das gleiche Gericht in unterschiedlichen Versionen vorgesetzt zu bekommen – und es auch noch gut zu finden.

Ohne ihn wäre dieses Buch so nicht möglich gewesen.

IMPRESSUM

Verantwortlich: Sonya Mayer
Texte, Rezepte, Foodstyling & Fotografie: Elle Teuscher
Redaktion der Rezepte: Christiane Gsänger
Layout: Helen Garner
Umschlaggestaltung: Regina Degenkolbe
Repro: LUDWIG:media
Korrektorat: Asta Machat
Herstellung: Bettina Schippel

Printed in Germany by Appl

Bildnachweis
Alle Fotografien des Umschlags und des Innenteils stammen von Elle Teuscher, mit Ausnahme von: Seite 7: Shutterstock / Natalia Lisovskaya; Seite 11 (o.r.): Shutterstock / Scalia Media; Seite 11 (u.l.): Shutterstock / Pashua Ta Studio; Seite 11 (u.r.): Shutterstock / foto-select; Seite 13: Shutterstock / Elena Schweitzer; Seite 15: Shutterstock / Shablon; Seite 17: Shutterstock / ESstock; Seite 19: Shutterstock / Kolpakova Svetlana; Seite 21: Shutterstock / aprilante; Seite 23: Shutterstock / focal point; Seite 25: Shutterstock / grafvision; Seite 27: Shutterstock / ginger_gio; Seite 28–29: Shutterstock / ILEISH ANNA; Seite 101: Shutterstock / Gemenacom; Seite 157: Shutterstock / Wirestock Creators.

★★★★★

Sind Sie mit diesem Titel zufrieden? Dann würden wir uns über Ihre Weiterempfehlung freuen. Erzählen Sie es im Freundeskreis, berichten Sie Ihrem Buchhändler oder bewerten Sie bei Onlinekauf. Und wenn Sie Kritik, Korrekturen, Aktualisierungen haben, freuen wir uns über Ihre Nachricht an: Christian Verlag, Postfach 40 02 09, D-80702 München oder per E-Mail an lektorat@verlagshaus.de

Unser komplettes Programm finden Sie unter: www.christian-verlag.de

Alle Angaben dieses Werkes wurden von der Autorin sorgfältig recherchiert und auf den neuesten Stand gebracht sowie vom Verlag geprüft. Für die Richtigkeit der Angaben kann jedoch keine Haftung übernommen werden, weshalb die Nutzung auf eigene Gefahr erfolgt. Sollte dieses Werk Links auf Webseiten Dritter enthalten, so machen wir uns die Inhalte nicht zu eigen und übernehmen für die Inhalte keine Haftung.

In diesem Buch wird aus Gründen der besseren Lesbarkeit das generische Maskulinum verwendet. Weibliche und anderweitige Geschlechteridentitäten werden dabei ausdrücklich mitgemeint, soweit es für die Aussage erforderlich ist.

Die Deutsche Nationalbibliothek verzeichnet diese Publikation in der Deutschen Nationalbibliografie; detaillierte bibliografische Daten sind im Internet über http://dnb.d-nb.de abrufbar.

2. Auflage 2026

ISBN 978-3-95961-727-7